Schuberth Der Anfangsunterricht in der Mathematik

Menschenkunde und Erziehung

63

Schriften der Pädagogischen Forschungsstelle
beim Bund der Freien Waldorfschulen

Ernst Schuberth

Der Anfangsunterricht in der Mathematik

Aufbau und fachliche Grundlagen

Verlag Freies Geistesleben

4., überarbeitete Auflage 2021

Verlag Freies Geistesleben
Landhausstraße 82, 70190 Stuttgart
www.geistesleben.com

ISBN 978-3-7725-2563-6

Fotos: Charlotte Fischer
Satz: Bianca Bonfert
Druck: Neografia. a. s., Martin-Priekopa
Printed in Slovakia

MIX
Papier aus verantwortungsvollen Quellen
FSC® C020353
www.fsc.org

Klimaneutral
Druckprodukt
ClimatePartner.com/13600-1909-1001

Inhalt

Vorwort

Vorwort zur 1. Auflage

Für die Lehrer, die auf der Grundlage der anthroposophischen Pädagogik unterrichten, gehört der Mathematikunterricht häufig zu den besonders schwer zu gestaltenden Fächern. Zum einen können eigene Schulerfahrungen den menschenkundlichen Zugang erschweren, zum andern geben die zahlreichen Anregungen Rudolf Steiners kein geschlossenes Bild eines möglichen Aufbaues. So haben sich aus der über siebzigjährigen Tradition der Waldorfschulen verschiedene Wege herausentwickelt, die nebeneinander aufzufinden sind. Diese Vielfalt entspricht der Eigenverantwortung, die jeder Lehrer für seinen Unterricht zu übernehmen hat.

Die folgende Skizze möchte diese Eigenverantwortung nicht

verkürzen, sondern in der Darstellung einer möglichen Zusammenschau der Anregungen Rudolf Steiners zu einer menschenkundlichen Vertiefung des Mathematikunterrichts beitragen. Naturgemäß entsteht dadurch ein Gegensatz zu manchen vorhandenen Gepflogenheiten – besonders dort, wo wir ein konsequentes und rasches Zusteuern auf die Rechentätigkeit und die Vermeidung der Bilder bei der Einführung der Ziffern empfehlen, aber sicher auch an anderen Stellen.

In die Darstellung sind neben den eigenen viele Erfahrungen von Kolleginnen und Kollegen eingegangen, die über Kurse und Ausbildungsgänge Anregungen der hier geschilderten Art erhielten und damit in der Praxis selbstständig umgingen. Ihnen sei vor allem an dieser Stelle herzlich gedankt.

Erhofft wird, dass die folgende Darstellung nicht zu einer dogmatischen Fixierung führt. Vielmehr ist der Autor für kritische Stellungnahmen, neue menschenkundliche Gesichtspunkte und Ergänzungen jeder Art dankbar.

Mannheim, Pfingsten 1992 *Ernst Schuberth*

Vorwort zur 2. Auflage

Seit ihrem Erscheinen hat diese Skizze eines Mathematikunterrichts in den ersten Schuljahren vielfältige Reaktionen erfahren. Neben den zunächst angesprochenen Waldorflehrern haben sich auch Kollegen aus Regelschulen gemeldet, die von positiven Erfahrungen mit dem Unterrichtsgang berichteten. Der Grundgedanke, dass mathematische Fähigkeiten konstitutionelle Voraussetzungen vor allem in den Körpersinnen des Kindes haben, ist mittlerweile noch aktueller geworden. Bewegung ist ein Grundbedürfnis der Kinder. Sie zu ordnen und für das Lernen fruchtbar zu machen kommt ihnen entgegen und ist zugleich Sinnespflege. Nicht immer ganz verstanden wurde, wo ein Bewegungsablauf zu einem mathematischen Inhalt tatsächlich hinführt und wo er sachlich wenig mit Mathematik zu tun hat. Werden die Zahlen und Operationen mit den aktiven Eigenbewegungen der Kinder verbunden, wird für sie – noch unreflektiert – erlebbar, wie der Mensch aus seinem Inneren objektive Erkenntnis gewinnen kann. Darin liegt die wohl tiefste Bedeutung des Mathematikunterrichts gerade in einer Zeit, in der durch die Medien eine Überflutung von äußeren Eindrücken erfolgt. Sind nicht alle wirklichen moralischen Intuitionen, wie sie uns z.B. im Verzeihen, aber auch in vielen anderen Situationen immer wieder abgefordert werden, solche ganz aus dem Inneren gewonnenen Impulse? Mathematische Erziehung hat eben noch andere Dimensionen neben der Schulung des Denkens und der Vorbereitung auf die spätere Lebenspraxis. Wird die Mathematik zu eng an ein Handeln mit Materialien gebunden, wie es leider hin und wieder auch an Waldorfschulen beobachtet werden kann, bleiben wichtige erzieherische Möglichkeiten ungenutzt. Das wichtigste Material sollten immer die Bewegungen der Kinder bleiben.

Zuweilen wurde ein breites Übungsangebot vermisst – das mag tatsächlich wünschenswert sein; die Kinder werden dennoch über die vom Lehrer oder von ihnen selbst gefundenen Übungen am frischesten reagieren. Dort hat die Fantasie ein reiches Betätigungsfeld.

Mannheim, im Januar 2001 *Ernst Schuberth*

Vorwort zur 3. Auflage

Diese 3. Auflage hat wesentliche Änderungen und Erweiterungen erfahren. Die fachlichen Grundlagen wurden verkürzt und stärker auf die Unterrichtspraxis hin vereinfacht. Dafür wurden in größerem Umfang Übungen eingefügt, die modellhaft zu betrachten sind und als Anregungen dienen wollen.

Beibehalten wurde, dass das Buch sich in erster Linie an tätige Klassenlehrer an Waldorfschulen richtet und damit Grundkenntnisse der anthroposophischen Menschenkunde vorausgesetzt werden dürfen. Dennoch hoffe ich, dass weiterhin Kollegen und Kolleginnen anderer Schulen darin Anregungen für ihren Unterricht finden.

In einigen Fällen wurde bemängelt, dass zu wenige Querbezüge zur Mainstream-Diskussion in der Mathematikdidaktik hergestellt wurden. Dies wäre natürlich in vielen Fällen möglich, würde aber den unterrichtsnahen Charakter für Lehrer deutlich verändern. Auch möchte ich zu bedenken geben, dass es für das Anliegen dieses Buches tatsächlich nicht allzu viele direkte Anknüpfungspunkte gibt – nämlich den Unterricht anthropologisch zu begründen. Auch wenn bei allen Darstellungen zu Unterrichtsfragen eine anthropologische Grundlage besteht, bleibt sie meistens unreflektiert und unausgesprochen.

Bedeutsam ist in meinen Augen, dass mit den neuen bildgebenden Methoden der Neurowissenschaften eine Verbindung von Entwicklungs- und Lernprozessen zunehmend in den Blick rückt und damit der Zusammenhang zwischen Erziehung und leiblich-konstitutioneller Entwicklung. Dadurch wird sich in Zukunft ein Bewusstsein davon entwickeln können, dass Erziehen und Unterrichten nicht nur ein psychisch-sozialer Prozess ist, sondern immer auch leib- oder konstitutionsbildend wirkt. Das wird langfristig zu einem neuen Erzieherbewusstsein führen.

Die anthroposophisch-anthropologischen Grundlagen, auf

die ich mich in diesem Buch vor allem stütze, sind die Entwicklungs- und die Sinneslehre Rudolf Steiners. Zur Sinneslehre ist in Anhang 1 einiges ausgeführt. Reizvoll wäre es, über die angeschlagenen Themen mit Fachkollegen in eine Auseinandersetzung zu kommen und dadurch andere anthropologische Begründungen des Mathematikunterrichts auszuarbeiten und mit den hier angeführten zu verbinden. Wie Susanne Prediger und Heiner Ullrich in ihrem Beitrag «Mathematikunterricht an Freien Waldorfschulen. Eine Annäherung» schreiben: «Der Dialog der Mathematikdidaktik mit der Waldorfpädagogik steht also eigentlich noch aus. Die grundlegende Voraussetzung hierfür ist die Bereitschaft der Regelschuldidaktiker, die Waldorfpädagogen als Diskussionspartner wirklich ernst zu nehmen.»[1] Zu ergänzen ist allerdings, dass das Ernst-Nehmen zugleich eine Kenntnis der entsprechenden Grundlagen erfordert.

Dankbar habe ich erlebt, dass das vorliegende Buch in zahlreiche Sprachen übersetzt wurde – unter anderem ins Englische, Russische, Italienische und Japanische.

Abschließend möchte ich einer Reihe von Kollegen und Kolleginnen danken, die mich bei der Überarbeitung der bisherigen Auflagen freundlich unterstützt haben. Dies sind vor allem Michael Toepell (Leipzig), Alexandra Hoffend (Leipzig), Christina Moratschke (Muttenz), Gunter Keller (Mannheim) und Jennifer Kaiser (Leipzig).

Mein besonderer Dank gilt auch Herrn Martin Lintz vom Verlag Freies Geistesleben Stuttgart, der die bisherigen Ausgaben meiner Bücher mit großer Sorgfalt betreut hat.

Freie Hochschule Mannheim, im Juni 2011 *Ernst Schuberth*

Einleitung: Wie das Buch aufgebaut ist und gebraucht werden sollte

Diese Darstellung ist für Praktiker geschrieben, die als Lehrer oder Therapeuten mit Kindern arbeiten. Deshalb beginnt der eigentliche Text unmittelbar mit einem möglichen Unterrichtseinstieg, und deshalb sind auch die mehr gedanklichen Grundlagen sehr knapp gehalten. Gegenüber den vorangegangenen Auflagen wurden die mathematischen Erläuterungen noch verkürzt und in den eigentlichen pädagogischen Text integriert. Dazugekommen sind dafür mehr praktische Unterrichtsanregungen und ein neues Rechenspiel, das unter anderem die Beziehungen der Operationen zu den Temperamenten korrekter erarbeitet.

Sehr bewusst habe ich die Sprache recht einfach gelassen,

auch wenn dies unter manchen Kollegen aus der Fachdidaktik zu Missverständnissen geführt hat. Den Vorhaltungen einer vorwissenschaftlichen Darstellung gegenüber möchte ich zu bedenken geben, dass Wissenschaftlichkeit nicht an den gewählten Ausdrücken, sondern an den darin ausgedrückten Sinnzusammenhängen festzumachen ist. Gerade eine oft in der Fachsprache nicht übliche Ausdrucksweise kann zum Nachdenken auffordern.[2] Außerdem ist zu bedenken, dass die hier verwendete Terminologie nur im Kontext der Waldorfpädagogik beziehungsweise der Anthroposophie ihre genaue Bestimmung findet.

Dieses Problem möchte ich an einem Vergleich deutlich machen, der natürlich wie alle Vergleiche immer nur partiell gilt: Wenn ein nicht mathematisch gebildeter Leser in einem Algebra-Buch die Wörter *Gruppe, Ring, Körper* lesen würde, könnte er aus seinem Sprachverständnis heraus alles darüber Gesagte für unsinnig halten. Es ergäbe für ihn keinen Sinn.

Im vorliegenden Zusammenhang ist zum Beispiel der Gebrauch der Wörter *Denken, Fühlen, Wollen* notwendig und kann auch aus einem Alltagsverständnis sinnvoll Bedeutung gewinnen. Die genaue Wortbedeutung ergibt sich aber erst aus dem Kontext einer anthroposophisch-menschenkundlichen Darstellung. Das ist wissenschaftlich völlig legitim, und doch erscheint es notwendig, es hier zu betonen.

Natürlich steht es jedem Leser frei, eine Begriffsbildung der anthroposophischen Geisteswissenschaft als für sich nicht nachvollziehbar zu betrachten. Tatsache ist aber, dass es in großer Zahl akademisch gebildete Menschen wie auch Nichtakademiker gibt, die diese Begriffe als denkbar erfahren. Das sollte denen, die Anthroposophie für eine sektiererische Glaubenssache halten, wenigstens zu denken geben. Könnte es nicht auch so sein, dass ein wirkliches Verstehen von Anthroposophie – und nicht nur ein Nachreden oder Zitieren von Aussagen – ein ernsthaftes Studium erfordert, das die Begriffsfähigkeiten – nicht den Gebrauch von Wörtern – schult, wie sich aus einem Lehrbuch der höheren Mathematik nicht ohne vorbereitende Studien der enthaltene Sinn erschließt (und manchem überhaupt nie erschließen wird)? Viele Einwände gegenüber der Anthroposophie greifen schlicht zu kurz, weil sie die Voraussetzungen eines sinnvollen Erschließens nicht berücksichtigen – und diese erfordern intensive Arbeit!

Die erste Rechenepoche

In der allerersten Schulstunde haben wir in der Waldorfschule mit den Kindern darüber gesprochen, warum sie zur Schule gehen. Wir haben ihnen die vielfältigen Fähigkeiten der Erwachsenen zu Bewusstsein gebracht, über welche die Schüler noch nicht verfügen – wie das Schreiben und Lesen, das Rechnen, das Herstellen und Lesen von Landkarten, das Sprechen fremder Sprachen und vieles mehr, wodurch das Leben geführt werden kann. Nach diesem Gespräch haben wir den Kindern zwei Grundformen beigebracht: die «Gerade» und die «Krumme» (Abb. 1).

Hieraus haben wir die erste Formenzeichen-Epoche entwickelt, in der die Kinder ihren Formensinn schulen, die Beweglichkeit der Hand üben und so auch das Schreiben vorbereiten konnten.[3]

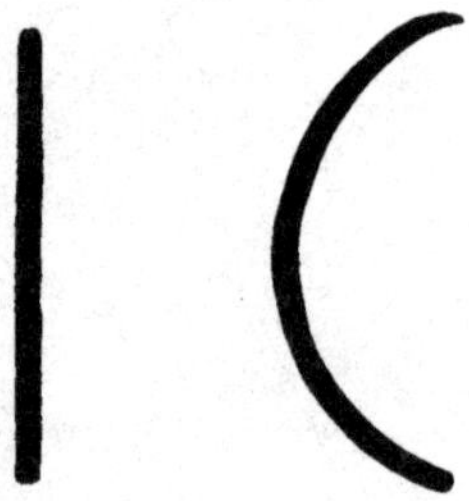

Abb. 1

In einer zweiten Epoche haben wir dann die ersten Buchstaben eingeführt. Durch das Entwickeln der Konsonantenformen aus Bildern erhielten die Kinder reichlich Gelegenheit, sich mit ihren Qualitäten und den Schriftzeichen zu verbinden. Indem sie wie Skelette aus Naturformen oder Naturprozessen abstrahiert werden, erinnern sie an das Leben in der Wirklichkeit.

Nach diesen beiden Epochen, die in den Herbst hineinführen, kann die erste Rechenepoche folgen. Wir wollen dazu einen möglichen Aufbau schildern, an dem die wesentlichen Elemente erläutert werden. Jeder Lehrer wird seine eigene, ihm und seiner Klasse angemessene Form finden müssen. Diese exemplarische Darstellung will helfen, die allgemeinen Ideen in eine konkrete Gestalt zu bringen.

Die erste Rechenstunde

Beginnt die neue Epoche, so kann man, den Anregungen Rudolf Steiners im Torquay-Kurs[4] folgend, einen morschen Stock morgens mit in die Klasse bringen und die erste Rechenepoche mit einem besonderen Ereignis beginnen lassen. Waren zuvor –

wie es in Deutschland oft vorkommt – die Herbstferien oder gab es wenigstens ein Wochenende, so kann die Epoche mit einem Einschlag beginnen, der die gewohnten Formen variiert und Neues einfügt.

Ein erster Rat ist, den Beginn des Hauptunterrichtes am ersten Tag der Rechenepoche auf das Notwendige zu straffen, sich also auf die Begrüßung, den Morgenspruch und einige wenige Elemente des rhythmischen Teils zu beschränken. Dies ist empfehlenswert, weil später mit dem Zählen nochmals rhythmisch gearbeitet wird und ein Übermaß die Kinder zu sehr «lockern» würde. Im weiteren Verlauf der Epoche muss dann die rhythmische Zahlarbeit innerhalb des rhythmischen Teiles begrenzt werden, welcher sich aus diätetischen Gründen auf ungefähr eine halbe Stunde beschränken sollte. Es werden also manche bisher gepflegten Lieder, Sprüche usw. eine Weile ruhen müssen.

Nach dem verkürzten rhythmischen Teil lassen wir die Kinder sich setzen und greifen nun das Gesprächsmotiv des ersten Schultages[5] – wie wir es auch zu Beginn der ersten Schreibepoche taten – wieder auf. Wir können etwa sagen: «Ihr seid nun schon eine ganze Weile in der Schule, habt viele Formen und auch Buchstaben kennengelernt, sodass eure zwei Hände viel geschickter als zuvor sind. Nun wollen wir mit etwas beginnen, das die Erwachsenen gut können müssen, wenn sie mit dem Leben zurechtkommen wollen. Denkt einmal an eure Eltern, was sie alles bedenken müssen, wenn eure Familie richtig gedeihen soll. Ihr wisst sicher schon, dass eure Eltern zum Leben Geld bekommen, und ihr wisst auch, dass man für dieses Geld Dinge kaufen kann: Brot, Schuhe, Kleider, aber auch Autos und vieles andere mehr. Aber alles darf man ja nicht kaufen, was man vielleicht gerne hätte. Ihr werdet schon gemerkt haben: Die Eltern kaufen euch nicht alles, was ihr euch wünscht. Sie kaufen auch nicht alles, was sie gerne besäßen. Das ist sehr wichtig, und es ist gut so, denn sie müssen zuerst bedenken, was eure Familie braucht. Wisst ihr schon, was eure Eltern alles bezahlen müssen?»

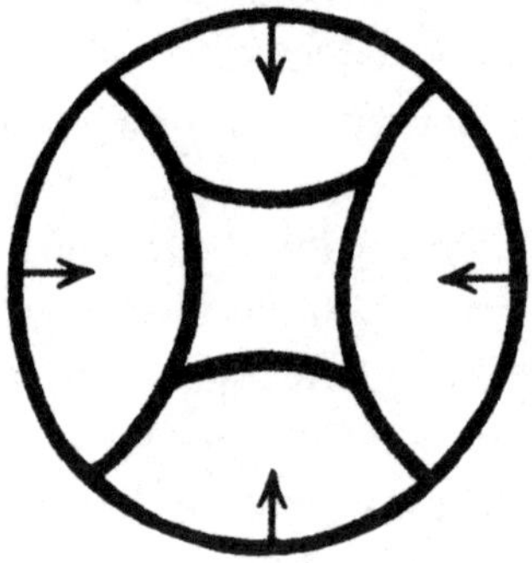

Abb. 2

Hier werden die Kinder manches beitragen können: vom Essen über die Kleidung bis zur Miete, zur Heizung, dem Strom und dem Wasser.

Zusammenfassend kann man etwa so fortfahren: «Ihr seht, an vieles müssen die Eltern denken, wenn sie eine gute Mutter, ein guter Vater sein wollen. Sie müssen bedenken, wie sie ihr Geld *einteilen*, damit alles Notwendige bezahlt werden kann. Von einem Menschen aber, der gut *einzuteilen* versteht, sagt man: *Er versteht zu rechnen*. Es gibt sogar noch ein wichtiges Geheimnis: Wer gut einzuteilen, gut zu rechnen versteht, hat immer auch ein wenig übrig, sodass er etwas verschenken kann, um Freude zu bereiten oder denen zu helfen, die solcher Geschenke bedürfen. Das Rechnen, das eine so große Rolle im Leben spielt, wollen wir jetzt auch beginnen zu lernen, damit ihr immer tüchtiger werdet.»

In diesem einleitenden Gespräch, das nicht zu lang sein darf, wird ein wichtiges Motiv eines ganzheitlichen Rechenunterrichts berührt, das vielleicht am einfachsten – für den Leser, nicht für die Schüler – in einer symbolischen Zeichnung erläutert werden kann: Ausgehend von einem Ganzen – hier vom verfügbaren Einkommen der Eltern –, wird das Rechnen als ein Einteilen oder Gliedern verstanden (Abb. 2). Dem kann sich

Abb. 3

Abb. 4

der Lehrer zum besseren Verständnis ein additives Vergrößern gegenüberstellen. Es lässt sich in folgender Weise symbolisieren (Abb. 3).

Der erste Vorgang ist ein inneres Differenzieren, der zweite ein additives Vergrößern. Im Abschnitt «Analyse und Synthese» wird auf diesen Gegensatz ausführlicher eingegangen.

Nach dem Gespräch mit der Klasse greifen wir zum mitgebrachten morschen Stock, brechen ihn durch und sagen: «Seht, den Stock kann ich in zwei Stöcke durchbrechen. Dich, Amelie, oder jemanden anderen kann ich nicht in zwei Menschen brechen. Du bist eine Einheit. Dafür mache ich dieses Zeichen (Abb. 4).»

Damit taucht die Gerade der ersten Schulstunde in neuer Bedeutung wieder auf. Hat sie dort die Vertikale dargestellt, die das Kind am Ende des ersten Lebensjahres mit seiner Gestalt in den Raum zeichnete, als es sich aufrichtete, so wird jetzt – für das Kind unbewusst – auf die einheitsstiftende Kraft des Selbstbewusstseins, das Ich, verwiesen, die das Kind durch das Aufrichten gewonnen hat und die nach und nach ermöglichte, sich als Subjekt der Welt der Objekte gegenüberzustellen.

Welche Rolle die auf den aufrechten Gang hin geformte menschliche Gestalt spielt mit ihrer Möglichkeit, Hände zu bilden, einen zur Sprache fähigen Kehlkopf und ein hochdifferenziertes Ge-

Abb. 5

hirn zu entwickeln, wird von der Anthropologie heute beschrieben. Diese Grundmotive menschlicher Entwicklung klingen an, wenn die geschilderten Schritte durchlaufen werden.

Nun wenden wir uns wieder einem Kind zu: «Du bist wie jeder von uns eine *Einheit*. Du trägst aber manches an dir. So hast du eine Hand, die kann vieles ertasten und berühren. Nur einem kann sie nicht begegnen!» Die Kinder werden im Allgemeinen darauf kommen, dass die Hand sich selbst nicht begegnet. Es ist wie mit anderen Wahrnehmungsorganen: Das gesunde Auge sieht sich nicht, das Ohr hört sich nicht. So tastet die tastende Stelle das Gegenüber, nicht primär sich selbst.

«Eure Hand kann sich also nicht begegnen. Aber ihr habt zwei Hände. Die können sich begegnen. Sie sind eine *Zweiheit*. Dafür machen wir dieses Zeichen (Abb. 5).»

Damit ist wieder ein wichtiges Motiv menschlicher Bewusstseinsentwicklung berührt: Die Doppelung einer Reihe von menschlichen Organen ist in ihrem gesunden Zusammenspiel die Voraussetzung für eine ungestörte Entwicklung. In der frühkindlichen Entwicklungsdiagnose und in der krankengymnastischen Therapie ist die Rolle des Zusammenspiels zweiseitig ausgebildeter Bewegungsorgane – von den Augen über die Hände bis zu den Füßen – gut bekannt. Die Urform der zugrunde liegenden Bewegungsgeste ist die Selbstberührung, die früh einsetzt und Bedingung für eine gesunde Entwicklung ist.

Die Herausbildung einer eindeutigen Seitigkeit (Lateralität) steht im Zusammenhang damit auch seit Langem im Blickfeld der Entwicklungspsychologen. Mit ihr verbindet sich die Koordination der Bewegungen, ihr gesundes komplexes Zusammenspiel. Darauf machen wir in einfachster Weise das Kind aufmerksam, wenn wir es auf das Begegnen der Hände als das Urbild einer wechselseitigen Subjekt-Objekt-Beziehung hinweisen. Es wird selbst andere Zweiheiten nennen, die an der Einheit des Menschen zu finden sind: zwei Augen, zwei Ohren, zwei Füße usw. Jedes paarige Organ hat in eigener Weise in seinem Zusammenspiel Bedeutung für das menschliche Bewusstsein und sein Verhältnis zur Welt.

Rudolf Steiner regt im Torquay-Kurs eine wichtige Erweiterung an, die über die Gliederungen organischer Bildungen hinausführt: «Nun gehen Sie weiter, rufen ein zweites Kind heraus und sagen: Wenn ihr aber geht, könnt ihr euch auch begegnen, könnt ihr euch auch berühren. Ihr seid eine Zweiheit.»[6]

Damit wird das Bilden einer Zweiheit an einem sozialen, nicht mehr allein an einem naturhaften Vorgang geschildert. Dadurch wird der Übergang zu der ganz freien Bildung von Zweiheiten geschaffen, bei der wir kraft unseres Denkens zwei Dinge zu einer Einheit (Menge) zusammenfassen und zahlig als Zweiheit bestimmen. Dies ist von den Objekten her betrachtet ein «Absterben», denn wenn wir zwei Steine oder zwei Stühle als Zweiheit bestimmen, gibt es nicht mehr die innere lebendige Bezogenheit wie bei den zwei Händen, Füßen oder Augen. Durch unser Denken erfassen wir auch solches als Zweiheit, das nur durch eine begriffliche Bestimmung aufeinander bezogen werden kann.

Der Übergang zur *Dreiheit* wird von Rudolf Steiner durch bloßes Hinzufügen vollzogen: «Es kann aber noch einer dazukommen. Das kann bei den Händen nicht der Fall sein. So kann man übergehen beim Kinde zur Dreiheit.»[7] Und er zeichnet (Abb. 6):

Abb. 6

Möchte man die Drei auch durch eine Gliederung einführen, so könnte man an die Familie oder an Blütenformen denken, in denen die Dreiheit enthalten ist. Als Gestaltprinzip kommt sie aber im Menschen in der Form gleicher Organe nicht vor.

Für die *Vierheit* verweist Rudolf Steiner auf ein Tier: «[…] du hast schon des Nachbars Hund gesehen, ist der auch nur auf zwei Füßen [wie das Kind]? Dann wird das Kind dazu kommen, in den vier Strichen [Abb. 7] das Sich-Aufstützen von des Nachbars Hund kennenzulernen, und es wird so aus dem Leben heraus allmählich die Zahl aufbauen lernen.»[8]

Bei der *Fünfheit* verweisen wir auf die Hand: «Dies ist eine Hand. Am Ende gliedert sie sich. Ihr werdet schon abzählen können, dass es fünf Finger sind. Für die Fünf (oder die Fünfheit) machen wir eine Hand als Zeichen.» Man zeigt dazu die Hand mit den vier zusammengelegten Fingern und dem abstehenden Daumen und bildet so das römische Zeichen für die Fünf (Abb. 8).

Damit sind die ersten Zahlen als *Einheit, Zweiheit* usw. eingeführt und mit einfachen Zeichen dargestellt. Dass wir die Vier bei den hier verwendeten römischen Ziffern meist als IV (V minus I) schreiben, darf uns nicht irritieren. Sie wurde und wird auch mit vier Strichen gekennzeichnet.

Wie weit wir tatsächlich diese Einführung bereits in der ersten Rechenstunde geben, hängt vom Unterrichtsgang ab. Auch

Abb. 7

Abb. 8

Abb. 9

wenn ein straffes Fortschreiten – wie in der Darstellung Rudolf Steiners – anzuraten ist, muss doch ein genügendes seelisches «Verdauen» und die zeitliche Begrenzung dieser Unterrichtsphase (ca. 30 Minuten!) berücksichtigt werden.

Dann können die Zeichen ins Heft eingetragen werden. Unter dem Zeichen bleibt so viel Platz, dass später die arabischen Ziffern dort geschrieben werden können (Abb. 9).

Haben die Kinder die Zeichen für die ersten Zahlen ins Heft geschrieben, so kann ein zweiter Zahlaspekt noch angesprochen werden: die Zahl als Zeitgestalt. Wir können etwa sagen: «Eben habt ihr die Zwei an den Händen gesehen, jetzt hört einmal, wie wir die Zwei auch zeigen können!»

Wir beginnen rhythmisch zu klatschen ◡ —, ◡ —, ◡ — … (◡ = kurz, — = lang). Die Kinder klatschen, nachdem wir es sorgfältig bei größter Aufmerksamkeit der Klasse gezeigt haben. Dann zeigen wir die Drei: ◡ ◡ —, ◡ ◡ —, ◡ ◡ — … , und wieder setzen die Kinder, was sie gehört haben, in Bewegung um. Hier schließt sich ein weites Übungsfeld an, das im rhythmischen Teil der kommenden Tage, Epochen und Jahre auf immer neuen Stufen zu pflegen ist und mathematisch zu jenen schönen Betrachtungen führt, die Georg Glöckler vor Waldorflehrern mündlich immer wieder als «rhythmologisches Rechnen» bezeichnet hat. Dazu gehören z.B. das Auffinden des größten gemeinsamen Teilers bei der Addition und Subtraktion von Brüchen oder auch auf höheren Stufen das Gebiet der Kettenbrüche mit der Behandlung von astronomischen Rhythmen und manchen elementaren zahlentheoretischen Inhalten.

Hier werden für eine solche Rhythmenlehre die ersten Keime gelegt, die behutsam gepflegt werden müssen. Viele Kinder haben zunächst Schwierigkeiten, ihrer Bewegung einen Rhythmus zu geben. Die kindlichen Reime und Reigenspiele, in denen der Rhythmus noch an Sprache und Musik gebunden ist, sind dafür die Vorbereitung. Die «reinen» Rhythmen werden im Besonderen im Mathematikunterricht zu pflegen sein. Sie tragen ein musikalisches Element in die Mathematik, wie sie die Musik mathematisch durchdringen.

Nach einer für dieses Mal nur kurzen Darstellung der Zahlen als Rhythmen gehen wir noch auf das Zählen ein, welches heute von den meisten Kindern ein gutes Stück weit beherrscht wird. Auf die Frage «Wer von euch kann schon bis 20 zählen?» werden sich die meisten Kinder melden – was nicht heißt, dass sie es tatsächlich können. Da wir unsere Schüler kennen, können wir einige sichere Kinder laut vorzählen lassen. Dabei achten wir sorgfältig darauf, dass korrekt bei 20 geendigt wird. Solche methodischen Formelemente sind eine wichtige Hilfe, da gerade im rhythmischen Rechnen die Neigung zu überstarker Aktivität besteht. Wenig hilfreich wäre z.B., wenn wir die Kinder aufforderten, so weit zu zählen, wie sie können. Dann wird leicht der Rest der Stunde verloren sein – es sei denn, man hielte sich nicht an seine Aufforderung und stoppte ein Kind, das so rasch nicht wieder aufhören will.

Haben wir einige sichere Kinder zählen lassen, so können wir auch einige schwächere es tun lassen. Wurde das Zählen in Vorschulgruppen oder zu Hause nicht besonders geübt, so ist es nicht ungewöhnlich, wenn Auslassungen oder Vertauschungen vorkommen. Das Verbessern oder Anmerken von Fehlern ist hier noch nicht am Platz. Nur wie nebenbei beachten wir, ob unterhalb von 6 oder 7 schon Fehler auftreten. Es könnte eventuell ein Hinweis auf eine latente Rechenschwäche sein, auf die wir später ausführlicher eingehen werden.

Den Abschluss dieses Teiles kann ein gemeinsames Zählen bilden, in dem auch die schwächeren Kinder von der Gruppe getragen werden.

Danach beenden wir den Hauptunterricht mit einem Märchen, das die Kinder möglichst nach innen führt. Dies wird im Allgemeinen für die ganze Rechenepoche gelten, die durch ihren Inhalt die Kinder stark anregt und viel Aktivität wachruft. Das Erzählen inniger, etwas verhaltener Märchen – wie z.B. «Brüderchen und Schwesterchen» – schafft einen gewissen Ausgleich.

Überblick über die erste Rechenstunde

Setzen wir eine Hauptunterrichtszeit von 110 Minuten an, so ergibt sich beim Unterrichtsbeginn um 8.00 Uhr etwa der folgende Stundenaufbau:

8.00 – 8.10	Begrüßung, Morgenspruch, verkürzter rhythmischer Teil
8.10 – 8.20	Gespräch über das Rechnen
8.20 – 8.50	Die Begriffe der Einheit, Zweiheit usw. und die ersten (römischen) Ziffern
8.50 – 9.00	Hefteintrag
9.00 – 9.05	Eventuell kleine Zwischenpause
9.05 – 9.25	Zahlen als rhythmische Zeitgestalt. Zählen einzeln und chorisch
9.25 – 9.45	Märchen
9.45 – 9.50	Frühstück in der Klasse

Die zweite Rechenstunde

Am zweiten Tag kann der rhythmische Teil wieder seine gewohnte Länge von 20 bis 30 Minuten haben, doch wird sein Hauptteil für die Zahlenarbeit zur Verfügung stehen müssen. Wie wir im Abschnitt über die Rechenschwächen näher besprechen werden, liegt die eigentliche Erfahrungsgrundlage für die Zahlbegriffsbildung, wie überhaupt für die elementaren mathematischen Begriffe, in dem verinnerlichten Bewegungs- und Gleichgewichtserleben.[9] Deshalb versuchen wir, die Zahlen möglichst vielseitig mit Bewegungen zu verbinden, sodass sie geradezu «getanzt» werden. Dabei sind immer wieder zwei Tätigkeitspole zu beachten: das Verbinden der Zahlen mit körperlichen Bewegungen und das Innehalten, der verinnerlichte Umgang mit den Bewegungserlebnissen. Der eine Pol dient der motorischen Bildung des Leibes, die zugleich Schulung des Eigenbewegungs- und des Gleichgewichtssinnes ist. Der andere Pol hat mit dem Vorstellungsleben und den darin vollzogenen «verinnerlichten» Handlungen zu tun.

In der rhythmischen Zahlenarbeit sind stets diese beiden Pole einzubeziehen. In der Regel beginnen wir mit der willenshaftleiblichen Tätigkeit, indem wir Zahlen in immer wieder neuer Art mit Bewegung begleiten, also mit Stampfen, Klatschen, Hüpfen, Sprechen usw. Dabei können zugleich die Körperorientierung und die Geschicklichkeit der Glieder geübt werden.

Den Übergang zur mehr vorstellungsverwandten Tätigkeit vollziehen wir, indem wir die Bewegungen verhaltener werden lassen, beispielsweise statt der Füße die Finger verwenden, Bewegung und Sprache abwechseln, einzelne Bewegungsteile unterdrücken, Gruppen abwechselnd tätig sein und zuhören lassen, Gruppen- und Einzelaktivitäten aufrufen und schließlich den Leib ganz ruhig werden lassen. Dieser Übergang vom Willenspol zum Vorstellungspol sollte in jeder Stunde vollzogen werden, wie

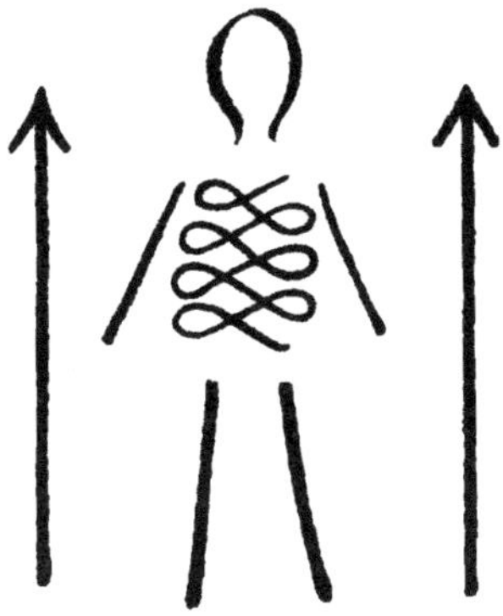

Abb. 10

er auch die Gesamtentwicklung des Kindes charakterisiert. Das vermittelnde Element ist der Rhythmus. Bezogen auf die organischen Grundlagen von Denken, Fühlen und Wollen, lässt sich der Übergang so symbolisieren, wie es in Abbildung 10 dargestellt ist.

Wie das Kind zum Erwachsenenalter hin vom motorischen zum vorstellungs- und begriffsgebundenen Lernen mehr und mehr übergeht, so lassen wir jede Stunde – altersgemäß mit anderen Schwerpunkten – zwischen dem Willens- und dem Vorstellungspol atmen.

Am Ende des rhythmischen Teils achten wir in jedem Fall auf einen ruhigen und konzentrierten Schluss. Eine Kollegin zeichnete z.B. dort eine geometrische Form – einen Kreis oder eine Ellipse – und ließ sie unter gespannter Aufmerksamkeit der Klasse bis zur Vollendung verbessern. Eine völlige Ruhe und Konzentration ist notwendig, ehe der eigentliche «Lernteil» einsetzen kann.

Wir beginnen ihn, indem wir nacheinander die bisher gelernten (römischen) Ziffern an die Tafel schreiben und jedes Mal die Kinder nach ihrer Bedeutung fragen. Dann fordern wir die Klasse oder einzelne Kinder auf, die Zeichen für die gelernten Zahlen zu schreiben – eventuell nur in die Luft, sodass eine ra-

Abb. 11

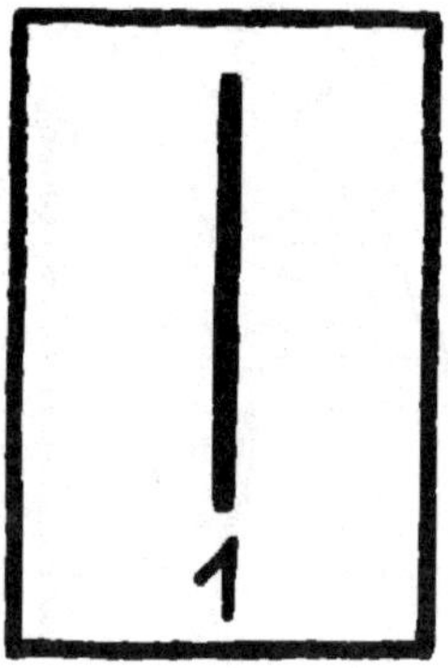

sche Kontrolle möglich ist. Waren am ersten Tag nicht alle Ziffern bis zur V besprochen, so setzen wir den begonnenen Weg in der schon geschilderten Weise fort.

Sind wir am ersten Tag bis zur V gelangt, so beginnen wir, die arabischen Ziffern einzuführen. Dazu verweisen wir darauf, dass die Erwachsenen gewöhnlich die Zahlen anders schreiben, als wir es gestern gelernt haben, auch wenn diese alte Schreibweise immer noch verwendet wird und man sie deshalb kennen muss. So ist sie etwa auf Urkunden, Uhren und Gedenksteinen zu finden.

Wir zeichnen nun sorgfältig die erste Ziffernform 1 an die Tafel und lassen sie zuerst in die Luft zeichnen, einige Kinder an der Tafel anschreiben und dann ins Heft eintragen. Die Ziffern 2 und 3 brauchen eine besondere Sorgfalt, da sie (durch die Spitzen) nicht leicht zu zeichnen sind. – So weit wir mit den ersten Ziffern kommen, lassen wir sie unter die römischen Ziffern schreiben, sodass etwa die folgende Form entsteht (siehe Abb. 11).

Die bloße Einführung ist aber nicht ausreichend. Wie bei den Buchstaben müssen die Formen geübt werden, bis eine ausreichende motorische Sicherheit entsteht. Das sollte schon in der Schule getan werden, kann aber auch als Hausaufgabe gestellt werden. Dazu kann man sagen: «Schreibt auf die nächste Seite die 1 (2, 3 usw.) so oft, bis ihr es ganz schön könnt. Morgen dürft ihr mir eure schönsten Zahlen zeigen.»

Nach der Formenzeichen- und der ersten Schreibepoche fällt dies aber im Allgemeinen nicht mehr zu schwer. Gut überlegen sollten wir uns, wie wir die Kinder die Ziffern schön und flüssig schreiben lassen, denn es werden damit Gewohnheiten oft für das ganze Leben geprägt.

Nach dem Hefteintrag kann das «*Zahlenraten*» eingefügt werden. Dazu regen wir die Kinder über die unterschiedlichsten Sinne an, Anzahlen zu bestimmen.[10] Beispiele dazu, die in den unteren Klassen immer wieder einfallsreich variiert werden können, sind:

Hörsinn: Es werden Klangstäbe oder wechselnde Gegenstände angeschlagen. Die Zahl der Anschläge ist zu bestimmen.

Oder: Es werden einige, nur teilweise unterschiedliche Töne angeschlagen. Wie viele verschiedene Töne waren es?

Tastsinn: Ein Kind stellt sich vor die Klasse und wird z.B. mit einem Stift am Kopf, dem Rücken oder den Knien leicht berührt.

Oder: Bei abgewandtem Blick werden einzelne Finger festgehalten.

Oder: Mit verbundenen Augen muss ein Kind Kieselsteine mit den Füßen abzählen.

Tastsinn und Wärmesinn: Einem Kind werden die Augen verbunden. Eine ihm unbekannte (kleine) Zahl von Kindern geht immer im Kreis um es herum und gibt ihm die Hand. Die Anzahl der Kinder ist zu bestimmen.

Geschmacks- und Geruchssinn: Verschiedene würzige Kostproben (Brot, Käse, Zitrone etc.) werden dem Kind bei verbundenen Augen angeboten. Es muss die Zahl der Geschmacksarten bestimmen. Bei 1 Zitronen- und 3 Käseproben (gleicher Art) ist also 2 anzugeben.

Sehsinn: Es wird kurz eine Anzahl von Fingern gezeigt.

Oder: Es ist eine Anzahl von verschiedenen Farben zu bestimmen.

Hier kann in die Übungen viel Einfallsreichtum gelegt werden. Sie dienen vor allem dazu, auf die spezifische seelische Sinnesorientierung der einzelnen Kinder Rücksicht zu nehmen. Außerdem kann so der Eigenbewegungssinn, durch den wir letztlich die Zahlbestimmung vornehmen, auf vielfältige Art angeregt werden.

Zudem hat das Ansprechen der Sinne einen großen Vorteil: Es wird die Bindung des Zahlbegriffes an eine feste Sinnesvorstellung vermieden, wie es beispielsweise bei Rechenstäbchen geschieht, bei denen jeder Zahl ein Stäbchen fester Länge und Farbe zugeordnet wird. Die Zahl selbst hat ihre Erfahrungsgrundlage in einem verinnerlichten Bewegungserlebnis, und jede äußere sinnliche Bindung ist ihrem Wesen fremd. Dass solche sinnlichen Bindungen bequem und leichter zu vermitteln sind, kann dort kein Argument sein, wo gerade Wert auf die innere Tätigkeit gelegt und die Begegnung mit dem Wesen der Zahlen gesucht wird.

Nach dem «Zahlenraten» schließen wir noch einige Zählübungen an, da im rhythmischen Teil dafür oft die Zeit nicht ausreichen wird. Dabei achten wir auf das geschilderte Aktivieren und Beruhigen des Leibes. – Ein Märchen schließt den Unterricht ab.

Der Unterrichtsaufbau der zweiten Stunde kann mehr oder weniger als Modell für die nächsten Stunden gelten, die nicht durch andere wichtige Ereignisse einen Umbau erfordern. Dabei werden zunächst die römischen Ziffern bis zur V in der geschilderten Weise eingeführt und geübt. Klar ist, dass es sich nicht darum handeln kann, die entsprechenden Zahlen beizubringen. Das schulreife, normal entwickelte Kind beherrscht sie und wendet sie sicher an. Der Lerninhalt ist die Art ihrer

Einführung durch den Gliederungsprozess und die Einführung der ersten Ziffern.

Sehr rasch schlage ich die Einführung der arabischen Ziffern vor. Sowenig das Aufsagen der Zahlwörter eine mathematische Aktivität ist, so wenig ist es das Schreiben der Ziffern. Der Mathematikunterricht muss diese konventionellen Elemente selbstverständlich aufnehmen, da sie zur Darstellung und Verständigung unentbehrlich sind, er darf ihnen aber kein falsches Gewicht geben. Deshalb sollte mit der Einführung der Ziffern nicht viel Zeit verloren werden.

Der zweite Grund für ein rasches, *nicht* durch bildhafte Darstellungen wie bei den Buchstabenformen der Konsonanten begleitetes Einführen der Ziffern liegt in der mehr zum Musikalisch-Rhythmischen hinneigenden Natur der Zahlbegriffe. In anthroposophischen Begriffen ausgedrückt: Die Zahlen haben einen inspirativen, nicht einen imaginativen Charakter. Diesem werden wir durch alle Übungen gerecht, welche die rhythmisch-musikalische Seite der Zahlen betonen. Letztlich liegt auch dem Erfassen von Anzahlen räumlich angeordneter Dinge ein Bewegungsvorgang zugrunde.[11]

Der Zehnerübergang

Wenn die römischen und die arabischen Ziffern von 1 bis 5 eingeführt und gefestigt sind, kann die Einführung der entsprechenden Ziffern von 6 bis 10 erfolgen. Dies wird im Allgemeinen innerhalb der ersten Woche möglich sein. Für die römischen Ziffern kommt zur ersten (V) die zweite Hand dazu: X stellt dann zwei entgegengesetzt gehaltene Hände dar.

Bei den arabischen Ziffern stellt sich im Zusammenhang mit

Abb. 12

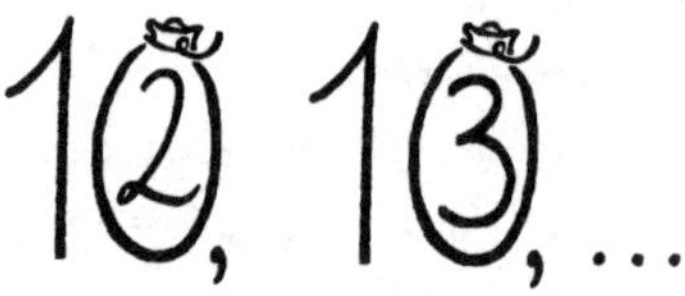

Abb. 13

dem Stellenwertsystem das Problem des Zehnerübergangs mit der Einführung der zweiten Stelle. Erklären kann man dies etwa folgendermaßen:

Wenn man so weit gezählt hat, wie man Finger hat – und früher haben die Leute oft mit den Fingern gerechnet –, dann fasst man die gezählten Dinge zu einem «Bündel» oder «Sack» zusammen: Die Null ist hier das Zeichen für das Bündel oder den Sack. Zwei Bündel sind dann 20 usw. (Abb. 12). Hat man einiges mehr als 10, so bleibt etwas übrig: 11 oder 12 oder 13 usw. (Abb. 13). Schließlich schreibt man das Bündelzeichen nur, wenn nichts übrig bleibt. So gehen wir allmählich dazu über, 11, 12,13 usw. zu schreiben. Die Zehnerzahl zählt, wie oft wir bis 10 gezählt haben. Zählen also die Einerzahlen die Dinge usw., so zählt der Zehner das Bis-10-gezählt-Haben. Entsprechend ist später der Übergang zum Hunderter, Tausender usw. zu vollziehen.

Der Gesamtaufbau der ersten Epoche

Die erste Rechenepoche kann schon alle Elemente enthalten, die dann in den ersten beiden Schuljahren weiter ausgeführt und in größeren Zahlenräumen geübt werden.[12]

Es sind dies:
- die Einführung der römischen und arabischen Ziffern
- das Zählen
- die Behandlung des Dezimalsystems
- die Zahlen in räumlicher Anordnung und rhythmischer / zeitlicher Gestaltung
- die Rechenoperationen in Beziehung zu den Temperamenten
- Übungen zum Zahlerfassen durch unterschiedliche Sinne.

Außerdem kann der Lehrer bereits in der ersten Rechenepoche auf mögliche Rechenschwächen bei einzelnen Kindern achten und hier therapeutisch eingreifen.

Die Rechenoperationen

Einer der Hauptinhalte der ersten Rechenepochen ist die Einführung und Übung der Rechenoperationen. Wie bei allen didaktischen Ansätzen für den Mathcmatikunterricht verlangen sie auch in der Waldorfpädagogik eine besondere Aufmerksamkeit. Will man die Anregungen Rudolf Steiners zu einer seelischen Färbung der verschiedenen Operationen – Addition, Subtraktion, Multiplikation, Division – aufgreifen und die möglichen Beziehungen zu den vier Temperamenten herstellen,[13] so sollten auch der Aufbau und der innere Zusammenhang der Operationen fachlich geklärt werden. Wir werden deshalb in den Abschnitt über das Temperamentrechnen einen fachlichen Exkurs einschalten (siehe S. 45ff.).

Die Einführung der ersten Rechenoperationen in der 1. Klasse

Wir waren bei der Einführung der Zahlen von der Gliederung eines Ganzen ausgegangen. Diesen analytischen Prozess setzen wir bei der Einführung der Rechenoperationen fort, indem wir eine Einheit (Menge) ihrer Zahl nach bestimmen und diese wiederum gegliedert erfassen. Bevor wir dies jedoch mit kleinen, für die Kinder überschaubaren Zahlen tun, zeigen wir den prinzipiellen Prozess an einer etwas größeren Zahl, sodass die Kinder am Lehrer eine Rechenfähigkeit erleben, die sie selbst noch nicht besitzen.[14]

Dann können wir noch einmal auf die Fünf und die Hand zurückkommen, indem wir zu Beginn des «Lernteiles» sagen und zeigen: «Seht, dies ist eine Hand; sie gliedert sich in fünf Finger. Wie ist aber die Fünf gewachsen? Sie ist vier und eins. Zusammen sind es fünf, aber aufgeteilt sind es vier und eins. Vier und eins zusammen sind wieder die Fünf.» (Abb. 14)

Was wir sagen, begleiten wir mit entsprechenden Bewegungen der Finger. Dann zeigen wir durch Spreizen der Finger, was die Fünf noch sein kann, z. B. 1 und 2 und 2; 1 und 2 und 2 zusammen ergeben wieder 5 (Abb. 15).

Nun fordern wir die Kinder auf, selber verschiedene Fünfer zu zeigen. So erhalten wir die erste Rechenoperation als *additive Gliederung*, als *additive Analyse* (vom Ganzen zu den Teilen) einer Zahl. Durch Synthese (von den Teilen zum Ganzen) kann die ursprüngliche Zahl aus den Teilen wieder gewonnen werden. Dieses gliedernde (analysierende) und im zweiten Schritt wieder zusammensetzende (synthetisierende) Rechnen können wir bald mit den unterschiedlichen Zahlen vornehmen. Für schriftliche Aufgabenstellungen genügt es auf dieser Stufe, eine Zahl oben in der Mitte einer Seite schreiben zu lassen und darunter die verschiedenen Gliederungen.

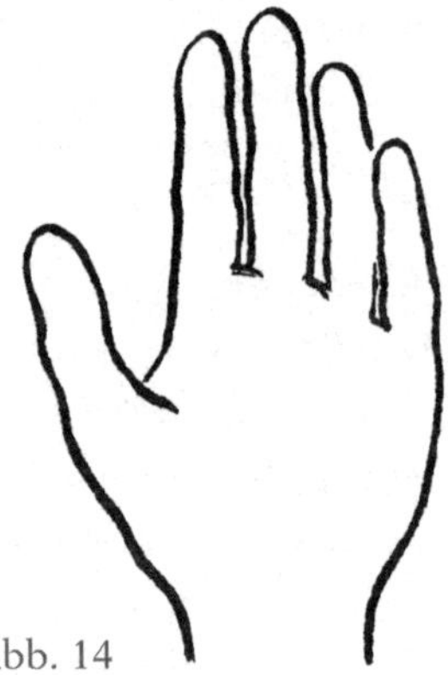

Abb. 14

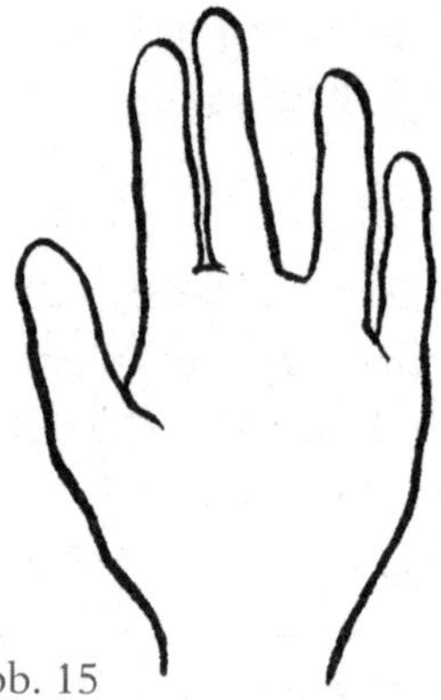

Abb. 15

Also zum Beispiel:

⑤

2 1 2
4 1
3 2
2 3
1 1 2 1
1 1 1 1 1

Oder entsprechend die 7:

⑦

1 5 1
3 4
1 2 3 2
1 2 1 2 1
6 1

Dieser Vorgang, vom Ganzen ausgehend die Teile zu bestimmen, ist für die ganze anthroposophische Pädagogik von so grundlegender Bedeutung, dass wir darauf noch ausführlicher eingehen werden. Zunächst wollen wir aber darauf aufmerksam machen, wie unterschiedlich sich die ganze Rechenarbeit mit der Klasse gestaltet, je nachdem wir Gliederungen (Analysen) oder Synthesen erfragen.

Stellt ein Lehrer Aufgaben in der Form 7 + 3 = ?, 2 + 9 = ? oder 4 + 3 = ? usw., so gibt es auf jede Frage nur *eine* richtige Antwort. Der Lehrer hat nur zu vergleichen, ob die Antworten den (von ihm gewussten) Lösungen entsprechen. Es findet also im Wesentlichen nur eine Richtig/Falsch-Kontrolle statt.

Ganz anders gestalten sich das Lehrer-Schüler-Verhältnis und die gemeinsame Arbeit, wenn z. B. gefragt wird: Was ist 16? Oder sogar: Was ist die schönste 16? Wie viele (richtige) Antworten lässt diese Frage zu! Einige sind:

(16)

8 8
4 4 4 4
3 4 2 4 3
1 5 1
1 2 4
1 2 3 4 3 2 1

Wie anders muss der Lehrer zuhören, wenn die Kinder ihre Antworten geben! Und ist die vorgegebene Zahl nicht ganz klein, so wird er bei jeder Aufgabe selber rechnen müssen. Statt nur das Richtig und Falsch zu kontrollieren, wird er selber zum Hauptrechner in der Klasse, denn jede Antwort der Kinder ist für ihn eine Aufgabe, die er aufmerksam hören und lösen muss.

Durch diese Art der Aufgabenstellung kann das Kind etwas sehr grundsätzlich Methodisches lernen: Eine Frage kann, ja muss oft viele Antworten finden. In die Antwort kann es seine individuelle Sicht legen, und wenn wir Kinder gut kennen, sehen wir, wie viel vom Wesen eines Kindes sich in seiner Antwort zeigt. Oft ist es für die ganze Klasse überraschend, welche Lösung ein Kind ersinnt, und manches Kind muss gestehen, dass es darauf nicht gekommen wäre. Es kann aber dabei vom Kind auch erlebt werden, dass in einer Gemeinschaft zusammen besser gelernt werden kann. Allerdings steht der Freiheit in der Wahl einer Lösung die Beurteilung durch die Gemeinschaft zur Seite. Frei sind wir in der speziellen Angabe der Lösung, in unserer individuellen Sicht. Haben wir sie aber ausgesprochen, so kann sie von allen auf ihre Richtigkeit überprüft werden.[15]

Hierin liegt – wie gesagt – etwas grundsätzlich Methodisches. Im Leben stellen sich uns von außen oder von innen her Probleme. Fast immer verlangen sie mehr als *eine* Antwort, denn jeder neue Aspekt bereichert und verlangt neue Antworten.[16]

Man stelle sich hypothetisch vor, es gäbe ein Parlament mit solchermaßen methodisch geschulten Volksvertretern und es würde dort das Problem der Arbeitslosigkeit diskutiert werden. Statt als letztgültige Wahrheit die Meinung der eigenen Partei zu vertreten, würde die wechselseitige Aufforderung ergehen, weitere und neue Gesichtspunkte dazu zusammenzutragen: Die Aspekte junger, alter, selbst- und fremdbestimmt arbeitender Menschen, Gesichtspunkte von Frauen, mit und ohne Familie, Menschen mit Behinderung usw. würden neben solchen der Bankvertreter, der Automatisierungsfachleute usw. zur Sprache kommen. Schnelle Antworten würden verhindern, dass der, der doch in einer speziellen Lebenssituation steht, die Weite und Vielfalt des Problems sieht, und so müsste ohne Gemeinschaft ein zu enges Urteil entstehen. Mit «konzertierten Aktionen», «runden Tischen», Expertenanhörungen usw. versucht man zwar, die von der Sache her gebotene Vielfalt herzustellen. Wie oft aber bleiben solche Ansätze stecken, weil bei den individuellen Entscheidungsträgern zu wenig Übung im «Lernen in Vielfalt» besteht!

Zu denken sollte auch geben, wenn – wie es immer wieder geschieht – in Diskussionen über mögliche Wege gesagt wird: «Die Verhältnisse sind nun einmal so, wie sie sind, daran kann man nichts ändern. Es ist so, wie 2 + 2 = 4 ist, daran kann man auch nichts ändern.» Um welches Fach muss es sich bei der Mathematik handeln, wenn sie von Laien als die Metapher für Zwänge verwendet wird! Hätte man wie selbstverständlich gelernt, dass sehr wohl 2 + 2 = 4 ist, aber auch 1 + 3 und 1 + 1 + 1 + 1, so würde man wohl kaum das Rechnen als Zwangserlebnis im Unbewussten tragen – und als solches existiert es in vielen Menschen. Durch ein gliederndes Rechnen könnte sich dagegen ein Grundgefühl für das Verhältnis von individueller Freiheit und gemeinschaftlichem Urteil bilden.[17]

Der beschriebene methodische Ansatz kann noch in einem weiteren Rahmen gesehen werden. Fragt man, wo Analyse und Synthese in der Welt zu finden sind, kommen organische und technische Entstehungsweisen in den Blick. Wird ein technischer Gegenstand – etwa ein Auto – produziert, so findet eine getrennte Herstellung der Teile statt, die dann auf verschiedenen Stufen zusammengesetzt, synthetisiert werden. Ganz anders vollziehen sich Bildungen im organischen Bereich. Aus den relativ einheitlichen ersten Zellen findet Höherentwicklung durch innere Differenzierung statt. Funktionen werden zu Beginn noch gemeinsam von einheitlichem Gewebe übernommen. Dann treten mit der Höherentwicklung differenzierte Organanlagen auf, auf welche sich nach einiger Zeit die speziellen Funktionen «auslagern».

Versucht man probeweise, die unterschiedlichen Entstehungsvorgänge ausgetauscht zu denken, so bedeutet dies: Ein

Organismus wird produziert, indem die Organe separat gefertigt und anschließend zusammengefügt werden. Umgekehrt würde ein Auto sich aus einer relativ einheitlichen Substanz durch Differenzierung in Akku, Reifen, Zündkerzen usw. bilden. Diese hypothetischen Vorstellungen können den Gegensatz noch einmal stärker zum Bewusstsein bringen.

Eine Eigenschaft jeder analytisch-organischen Entwicklung ist die Bezogenheit jedes Teiles auf das Ganze. Versuchen wir, ein Teilorgan eines Organismus zu verstehen, so können wir dies nur, indem wir es auf den Gesamtorganismus beziehen. Niere, Galle, Milz usw. sind nur aus dem und im Hinblick auf den ganzen Organismus verständlich, dem sie angehören. Das bedeutet, dass wir ein ganzheitliches, vom Ganzen zu den Teilen fortschreitendes Denken zu entwickeln haben. Das Ganze muss bei jeder Erkenntnis eines organischen Ganzen oder – wie Maturana und Varela sagen – autopoietischen Systems im Hintergrund stehen.[18] Dass diese Denkformen unentbehrlich im Umgang mit dem Lebendigen sind, zeigt nicht zuletzt das zerstörende Verhalten gegenüber der Natur, die in den letzten hundertfünfzig Jahren zunehmend mit einem dem Anorganischen entsprechenden Denken betrachtet und aus ihm verändert wurde. Die Natur so zu behandeln heißt, sie anorganisch, d.h. wie ein Totes, zu behandeln. Unterstützen wir dadurch Absterbeprozesse in ihr? Dass dies zuallererst eine Folge unterentwickelter Denkmöglichkeiten ist, wird noch wenig konkret in der Schulpraxis berücksichtigt. Nicht moralisierende Ermahnungen über den Umgang mit der lebendigen Natur sind es, sondern es ist die konkrete Ausbildung von neuen Denkformen, was in der anthroposophischen Pädagogik angestrebt wird.[19]

Zu ergänzen ist noch, dass in der ideellen – nicht materiellen – Entstehung eines technischen Gegenstandes, also im Denken des Erfinders, sich ein dem organischen Werden entsprechender Vorgang abspielt. Niemals entsteht eine Erfindung aus Einzelerfindungen, sondern am Anfang stehen Sinn und Zweck des Ganzen. Alle notwendigen Einzelerfindungen werden dann im Hinblick auf dieses Ganze gemacht. So finden wir oft gerade bei den ursprünglichen Erfindern ein ganzheitliches Denken, das erst sekundär Interesse für – letztlich natürlich auch notwendige – Details entwickelt.

Diese Ausführungen wären missverstanden, wenn mit dem Gegensatz von analytischem und synthetischem Denken eine Wertung verbunden würde. Beide Denkformen haben ihren angemessenen Anwendungsbereich. Eine Betonung des ganzheitlichen-analysierenden Denkens ist nur angesichts der Dominanz additiv-synthetisierenden Denkens naheliegend.

Bei der Pflege der beiden Denkformen in der Pädagogik ist zu bedenken, dass das Kind leiblich der organischen Welt angehört und die ersten bewussten Lernschritte in ein Alter fallen, in dem die Differenzierungsprozesse im eigenen Leib zum Abschluss kommen.[20] In der anthroposophischen Pädagogik versuchen wir, mit den im Rechenunterricht geschulten Denkformen zunächst an die organischen Bildeprozesse anzuschließen und erst danach als eine Art Reflex oder Spiegelung das synthetisierende Denken zu schulen.

Hinweisen möchte ich noch darauf, dass der zuerst von Raymond Cattell vorgeschlagene Gegensatz von flüssiger und kristalliner Intelligenz in mancher Hinsicht Eigenschaften des hier dargestellten Gegensatzes enthält.[21] Während die synthetischen Rechenfragen in erster Linie auf abfragbares Wissen zielen, erfordern die analytischen Aufgabenstellungen viel mehr flüssige Beweglichkeit und Kreativität in der Erarbeitung individueller Lösungen.

Rechenoperationen und Temperamente

Für die folgenden Betrachtungen setzen wir eine gründliche Kenntnis der Temperamentenlehre voraus, wie sie in der anthroposophischen Menschenkunde erarbeitet ist.[22] Dazu gehört insbesondere die Einsicht in die Wesensglieder, deren unterschiedliche Dominanz oder Schwäche das *individuelle* Temperamentengefüge hervorbringt. Daher kann man jede Aussage über ein Temperament auch nur als Charakteristik eines Idealtyps betrachten – eines Idealtyps, der so in der Wirklichkeit nicht existiert. Die idealtypischen Beschreibungen dienen vielmehr dazu, das individuelle Temperamentprofil erkennen oder «lesen» zu können, und auch, vorhandene Dominanzen sachgemäß zu berücksichtigen. Es werden in einer normalen Klasse fast immer einige Kinder sein, deren Verhalten eine deutliche temperamentliche Dominanz zeigt. Das Gros der Kinder aber wird Zwischenstellungen einnehmen. Dabei kehrt sich häufig je nach dem Gegenüber oder auch gemäß der vollzogenen Tätigkeit das eine oder andere Temperament hervor.

Bei der Darstellung der Rechenarten in ihrer Beziehung zu den Temperamenten verweisen wir vor allem auf die Ausführungen Rudolf Steiners im 4. Vortrag der «Seminarbesprechungen», die wir im Anhang 3 vollständig wiedergeben (S. 154ff.). Dort tritt jedes Temperament zweimal auf, und zwar einmal in der Haupt- und einmal in der Nebenrolle. Dabei ist jedes Temperament mit seinem Gegentemperament entsprechend dem Schema auf S. 43 gepaart.

Dabei bedeutet das *erste* Plus- / Minus-Symbol die *Stärke* des inneren Erlebens, das *zweite* die *Wechselfähigkeit* bei Übergängen zu neuen Erfahrungs- oder Gedankeninhalten. Sie enthalten hier keinerlei Wertungen – weder im positiven noch im negativen Sinne.

Die Beziehung der Gegentemperamente spielt in den folgenden Ausführungen immer wieder eine wesentliche Rolle.

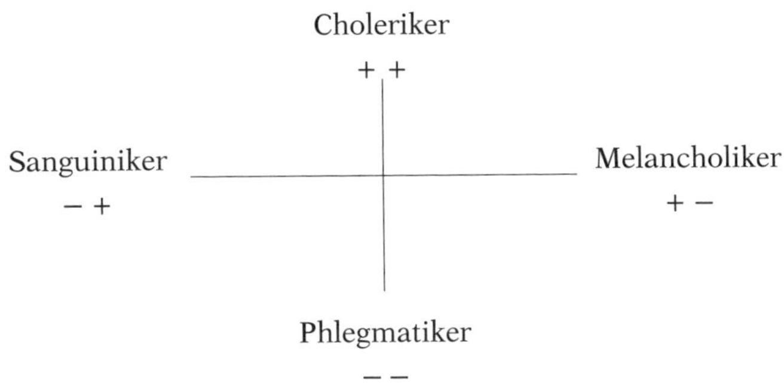

Das Rechnen für das phlegmatische Temperament und die Antwort des cholerischen Temperaments

Das Erfassen einer Ganzheit (Menge), die Bestimmung der Anzahl von gleichartigen Dingen, die in ihr zusammengefasst sind, und ihre additive Gliederung sind die Hauptaufgabe, die wir dem Phlegmatiker stellen. Als symbolisierende Figur hatten wir die Figur in Abbildung 16 angegeben.

Dieses Umschließen zu einer Einheit und innerliche Analysieren ist auf verschiedenen Ebenen charakteristisch für das phlegmatische Temperament.

Leiblich ist der Phlegmatiker mit seinen Stoffwechselprozessen eng verbunden. Was ist Verdauen zunächst anderes als eine fortschreitende Analyse der aufgenommenen Nahrung? Bildhaft kann man sagen: Das Verdauen ist ein immer genaueres gliederndes «Betrachten» der Substanzen – nur dass es in der Realität durch die unbewusst wirkenden Stoffwechselprozesse stattfindet im Gegensatz zum gedanklichen, bildhaften Analysieren durch das vorstellende Bewusstsein.

Seelisch sucht das phlegmatische Temperament Harmonie im Zusammenklang mit anderen Menschen. Die Zu- oder

Abb. 16

Nichtzugehörigkeit zu einer Gemeinschaft spielt eine wesentliche Rolle. Ein phlegmatisch veranlagter Mensch kann bei entsprechender Verantwortung viel Fruchtbares in der funktionellen Durchgestaltung einer Gemeinschaft zusammen arbeitender Menschen leisten. Innere Organisation und ein harmonisches Zusammenspiel der Kräfte in einer Gruppe verlangen phlegmatische Anlagen.

Das synthetische Zusammenfügen der analytisch gewonnenen Teile erfordert eine bewusstere Willensanstrengung, eine Anstrengung, die zu einem äußeren Gestalten führt. Hier kommen cholerische Nuancen des Seelischen zum Tragen. Daher wird im Unterricht die vorgenommene Analyse eines phlegmatisch veranlagten Kinds durch das Gegentemperament (den Choleriker) aufgriffen und synthetisch wieder zum Ganzen zurückgeführt.

Im Unterricht sorgen wir einerseits dafür, dass die beiden Rechnungsarten an möglichst wechselnden Materialien – wie Kastanien, Kieselsteinen, Holzstückchen usw. – geübt werden, andererseits sind möglichst früh auch Anwendungsbeispiele wünschenswert. Kleine Rechengeschichten können Situationen schildern, in denen rechnungsmäßige Gliederungen auftreten und für die Kinder Aufgabenstellungen enthalten.[23]

Ein fachlicher Exkurs

Um die weiteren Rechenoperationen in ihren Beziehungen zu den Temperamenten begrifflich klar beschreiben zu können, soll ein knapper fachlicher Exkurs eingeschoben werden. Je sicherer man die innere Logik dieser Ausführungen versteht, desto klarer wird man diesen wichtigen Teil des Mathematikunterrichts unterrichten können. Die Mühe lohnt!

Die Addition und ihre Umkehrungen

Addieren wir zwei Zahlen, also z.B. 7 + 5, 3 + 4, 2 + 3, so haben die beiden Summanden eine unterschiedliche Funktion. Die erste Zahl wird durch die zweite vergrößert. Die erste gibt einen Bestand oder Zustand, die zweite eine Veränderung an. Wir können uns den Unterschied an einem extremen Beispiel leicht vergegenwärtigen. Nehmen wir an, ein Mensch besäße 1 € und erhielte 1 Million €; ein anderer besäße 1 Million € und erhielte 1 €. Vermutlich wird man schon am Pulsschlag der Personen den Unterschied der beiden Vorgänge feststellen können. Es ist also 1 + 1000000 nicht identisch mit 1000000 + 1. Das mathematische «Gleichheits»-zeichen behauptet auch nicht die Identität des Prozesses, sondern nur die Gleichheit des Endzustandes (Ergebnisses). Solange wir die Operation vor Augen haben, besteht zwischen beiden Ausdrücken ein wesentlicher Unterschied. Will man diesen Unterschied allgemein charakterisieren, so ist dies mit den Begriffen «passiv», «aktiv» und «Resultat» möglich. Der erste Summand ist das Gegebene, die Zahl, welche vergrößert wird, der *Augend* (von lat. augere, vermehren). Er ist *passiv.* Der zweite Summand vermehrt *aktiv* die erste Zahl. Er ist der *Auctor.* Durch die Operation entsteht das *Resultat.* Wir deuten dies durch die Buchstaben p = passiv, a = aktiv, r = Resultat symbolisch an:

$$p + a = r$$

Von diesen drei Zahlen können jeweils zwei vorgegeben werden, aus denen die dritte berechnet werden kann. Außer der Summe gibt es also zwei «Umkehrungen». Sind der Bestand *p* und das Resultat *r* gegeben, so kann das Verändernde *(a)* bestimmt werden:

$$p + ? = r \text{ oder } r \mid p = ?$$

Das vertikal gestellte Minuszeichen verwenden wir, um diese Umkehrung, das *Unterschiedbilden*, von der eigentlichen Subtraktion zu unterscheiden.[24] Rechenfragen, mit denen das *a* erfragt werden kann, sind beispielsweise:
- Gegeben sind die Zahlen *r* und *p*: Wie groß ist der Unterschied?
- Gegeben sind *p*. Wie viel fehlt, um *r* zu erhalten?
- Es waren *r*, geblieben sind *p*. Was ging verloren?

Sind dagegen *r* und *a* bekannt, so kann *p* bestimmt werden. Dies ist die eigentliche *Subtraktion:*

$$? + a = r \text{ oder } r - a = ?$$

Entsprechende Rechenfragen können sein:
- Zu welcher Zahl müssen wir *a* addieren, um *r* zu erhalten?
- Von *r* werden *a* weggenommen. Was bleibt übrig?

Natürlich können die Rechenfragen in beiden Fällen auf viele Arten formuliert werden. Dabei denken die Kinder beim Lösen je nach Fragestellung verschieden. Welche Fragestellungen von uns betont werden, wird noch zu besprechen sein. Wir fassen zunächst das Bisherige zusammen:

Aktive Umkehrung	Operation	Passive Umkehrung
	Addition $p + a$	
Substraktion $r - a = p$		Unterschiedbildung $r \mid p = a$

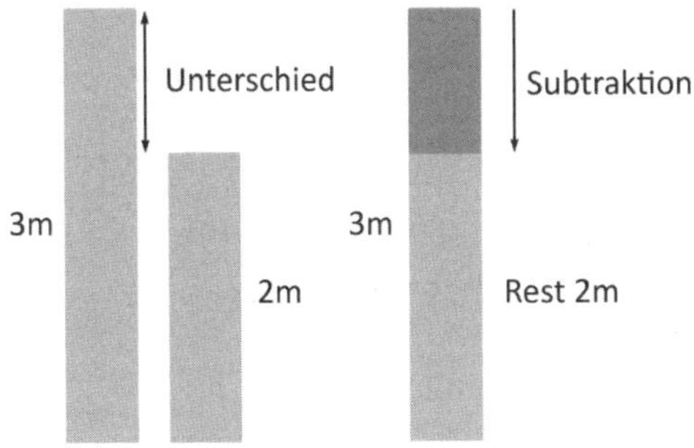

Abb. 17

Da vielen Lesern diese Unterscheidung von Unterschiedbilden und Abziehen (Subtraktion) wohl aus der eigenen Schulzeit nicht vertraut ist, soll sie noch einmal an einem Beispiel verdeutlicht werden.

Unterschiedbilden: Wir stellen uns zwei Bretter unterschiedlicher Länge vor – z.B. das eine mit 3 m, das andere mit 2 m Länge. Dann ist der Unterschied 1 m und kann selbst als ein Stück Brett betrachtet werden. Im Feststellen des Unterschieds selbst verändern wir faktisch nichts. Wir stellen nur eine *Beziehung* fest.
Abziehen (Subtrahieren): Hier stellen wir uns nur *ein* Brett – z.B. mit 3 m Länge – vor. Wenn wir nun beispielsweise 1 m absägen, so verändern wir aktiv das Brett und erhalten eine Restlänge von 2 m (Abb. 17).

Formal lassen sich Subtraktion und Unterschiedbilden identifizieren, weil beim Rechnen mit den gewöhnlichen Zahlen das Resultat von der Reihenfolge der Summanden unabhängig ist (Vertauschungs- oder Kommutativgesetz). Auf höheren Stufen der Mathematik gilt dies im Allgemeinen so wenig, wie es im Leben gilt. Dort spielt fast immer die Reihenfolge von Maßnahmen oder Ereignissen eine wesentliche Rolle!

Von der Addition zur Multiplikation und ihren Umkehrungen

Von der Addition steigen wir im Wesentlichen in zwei Schritten zur Multiplikation auf:

Erster Schritt: Statt zweigliedriger Summen betrachten wir mehrgliedrige Summen:

$$r = a + b + c + d + \ldots$$

Zweiter Schritt: Unter den mehrgliedrigen Summen gibt es speziell solche, bei denen alle Summanden gleich sind:

$$r = p + p + \ldots + p$$

Jetzt zählen wir die Summanden, bestimmen also ihre Anzahl a und betrachten r als das a-fache von p:

$$r = a \cdot p \text{ oder } a \cdot p = r$$

Damit entsteht das *Produkt* mit den beiden *Faktoren* a und p. Der Unterschied von a und p wird besonders deutlich, wenn wir a als reine Zahl und p (und damit auch r) als benannte Größe betrachten, also z.B.:

$$12\,m = 3\,m + 3\,m + 3\,m + 3\,m$$
$$12\,m = 4 \cdot 3\,m$$

Die 4 zählt die Anzahl der gleichen Summanden. Sie ist eine *reine* Zahl, im Gegensatz zu r und p, welche benannte Größen sind. Wieder bezieht sich die Vertauschbarkeit der Faktoren auf das Resultat, nicht auf den Prozess der Multiplikation. So sind $3 \cdot 4$ m = 12 m, aber auch $4 \cdot 3$ m = 12 m. Zerteilt gedacht als Balken sind aber sicher drei 4m-Balken anders verwendbar als vier 3m-Balken!

Im Produkt $a \cdot p = r$ ist also der multiplizierende, aktive Faktor das a, der multiplizierte passive Faktor das p. a heißt der *Multiplikator*, p der *Multiplikand*.

Wie bei der Addition können wir auch bei der Multiplikation zwei Umkehrungen bilden. Es können außer a und p entweder a und r oder p und r gegeben sein. Sind das Resultat r und der Multiplikand p gegeben, so suchen wir den aktiven Multiplikator, der angibt, welches Vielfache von p das r ist. Gegenständlich gedacht, können wir uns zwei Längen vorstellen. Wir fragen, wie oft die kleinere in die größere hineingeht. Wir *messen* also die größere Länge mit der kleineren. Die *Verhältniszahl* gibt das Ergebnis an.[25] Wir bezeichnen die Operation, die aus r und p das a bestimmt, als *Messen* oder *Verhältnisbilden*. Verwenden wir benannte Größen, so entsteht aus zwei gleichartigen Größen die reine Verhältniszahl.

Beispiel:
Wenn wir einen Baumstamm mit einer Länge von 12 m mit einem Stab der Länge 2 m messen, erhalten wir die reine Zahl 6 (nicht 6 m!) als Verhältniszahl (Abb. 18):[26]

$$12 \text{ m} : 2 \text{ m} = 6$$

Sind das Resultat r und der Multiplikator a gegeben, so haben wir es mit der eigentlichen *Division* zu tun: Das Ganze ist in eine vorgegebene Anzahl gleicher Stücke zu teilen, und die Größe der einzelnen Teile ist zu bestimmen. Bei der Verwendung benannter Größen haben wir die Gesamtgröße r durch die reine Zahl a zu teilen und erhalten eine zur Ausgangsgröße r gleichartige Größe p.

Beispiel:
Wenn wir den Baumstamm von 12 m Länge in 6 gleiche Teile zersägen sollen, wird jedes Teil die Länge 2 m haben (Abb. 18):[27]

12 m / 6 = 2 m

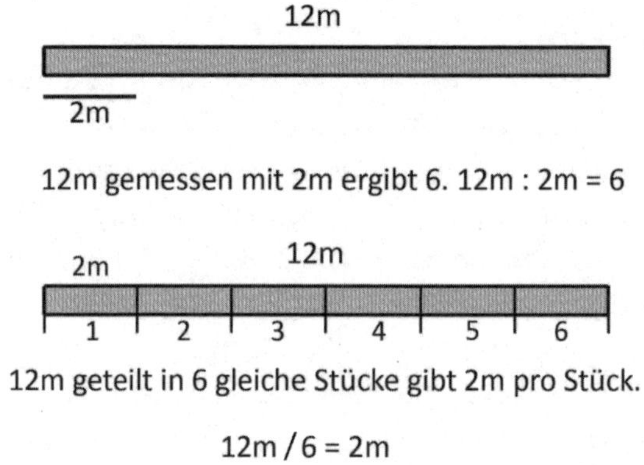

Abb. 18

Beim *Messen* oder *Verhältnisbilden* schreiben wir

$? \cdot p = r$ oder $r : p = ?$

Die Rechenfragen lauten etwa:
- Was ist das Verhältnis von *r* und *p*? Oder:
- Gegeben sind das Ganze *r* und ein Teil *p*. Wie oft ist *p* in *r* enthalten? Oder:
- Gegeben ist *p*. Es sollen im Ganzen *r* sein. Wie oft müssen wir *p* nehmen, um *r* zu erhalten?

Beim Dividieren schreiben wir: $a \cdot ? = r$ oder $r / a = ?$

Mögliche Rechenfragen sind:
- *r* wird in *a* gleiche Teile geteilt. Wie groß ist ein Teil?
- Welche Größe *p* ergibt multipliziert mit *a* die Gesamtgröße r?

Wieder können die Fragen verschieden formuliert werden und regen bei den Kindern unterschiedliche Denkvorgänge an. Fassen wir das Bisherige zusammen, so ergibt sich:

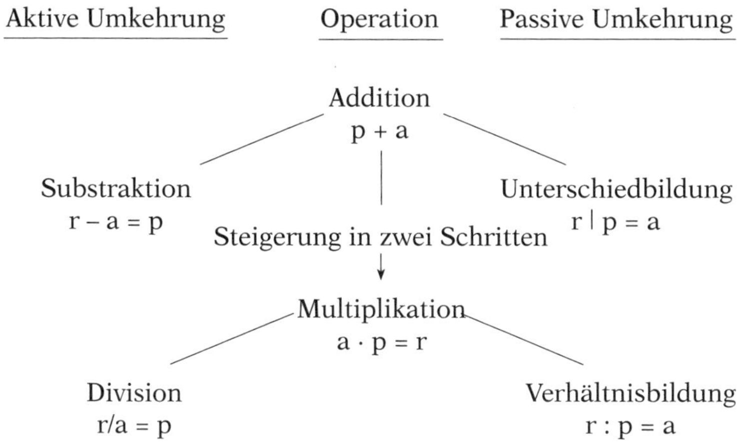

Formal lassen sich Dividieren und Verhältnisbilden wieder identifizieren, weil aufgrund des Vertauschungsgesetzes der Multiplikand als Multiplikator und umgekehrt betrachtet werden können, ohne dass das Resultat sich ändert. Inhaltlich gedacht hat man es aber wie beim Unterschiedbilden und Subtrahieren mit unterschiedlichen Operationen zu tun. Gilt bei höheren Operationen – wie dem Potenzieren – das Vertauschungsgesetz nicht, so sind auch die beiden Umkehrungen der Multiplikation formal zu unterscheiden.[28]

Nach diesem fachlichen Exkurs wenden wir uns wieder den Temperamenten und ihren Beziehungen zu speziellen Operationen beziehungsweise Rechenfragen zu.

Das Rechnen für das melancholische Temperament und die Antwort des sanguinisches Temperaments

Nach dem Beginn mit der additiven Analyse und Synthese suchen wir bald den Übergang zu den übrigen elementaren Rechenoperationen. An das *melancholische* Kind wenden wir uns in erster Linie mit dem *Unterschiedbilden*. Das kann etwa in der dritten

Woche der ersten Rechenepoche geschehen und wird einen gewissen Schwerpunkt bilden.

Vorbereitende Übungen

Es kann für manche Kinder sehr hilfreich sein, vorbereitende Übungen zum Unterschiedbilden und zur Subtraktion einzufügen. Sie können auch nach der Einführung weiterhin unterichtsbegleitend verwendet werden.

- Geeignet als eine solche Vorübung ist das bei Kindern beliebte «Fingerraten»; es lässt sich als Sonderfall des beschriebenen «Zahlenratens» durchführen: Wir (oder ein anderes Kind) halten bei abgewandtem Blick des ratenden Kindes einige seiner Finger fest und fragen nach deren Anzahl. Das «Fingerraten» an sich ist bereits eine gute Übung, um Bewusstsein in die Finger zu bringen.[29] Nach dieser ersten Frage stellen wir (oder ein Mitschüler) die zweite Frage: «Und wie viele Finger halte ich *nicht* fest?» Diese Zahl kann natürlich das Kind wie die erste bestimmen, es kann aber auch vom Ganzen und der zuerst bestimmten Zahl ausgehen: Im Ganzen sind es 10 Finger, festgehalten werden z.B. 6; dann sind 4 Finger *nicht* festgehalten.
- Was hier zuerst am «Material» des eigenen Leibes gefordert wird, kann dann veräußerlicht werden: Dazu werden etwa sechs deutlich unterschiedliche Gegenstände hingelegt, genau angeschaut und benannt. Die Augen werden nun geschlossen. Einer oder mehrere Gegenstände werden weggenommen. Dann darf das Kind wieder schauen. Welcher fehlt?
- Diese Übung kann ausgebaut werden, indem als Gegenstände ähnliche, also z.B. nicht sehr unterschiedliche Kieselsteine gewählt werden. Zunächst ist eine genaue Besprechung wichtig, in der die Kinder unterschiedliche Merkmale – wie die Farbe, die Form oder die Glätte – beschreiben. Anfassen ist wichtig! Man kann auch Namen für sie suchen. Aufmerksamkeit, Beobachtungsfähigkeit und Konzentration der Kinder werden

dadurch geschult. Nach kurzer Zeit können sie oft erstaunlich sicher benennen, welcher von den Steinen fehlt.
- Als Variation können die Augen weiterhin geschlossen oder verbunden bleiben. Die vorhandenen Steine müssen dann ertastet werden.
- Eine Anzahl ähnlicher Gegenstände – z.B. wieder Kieselsteine – wird hingelegt. Dann werden die Augen geschlossen und einige weggenommen. Die Augen werden wieder geöffnet. Nun wird gefragt: Wie viele Gegenstände fehlen?
- Zwölf Schritte sind zu gehen. Fünf sind schon gemacht. Wie viele fehlen noch?

Wichtig ist hier, dass immer innerlich auf das *Nicht-mehr-Sichtbare* geschaut wird. Das Kind muss also das Gesehene mit einem innerlich erinnerten Bild vergleichen.

Das Unterschiedbilden und Subtrahieren

Wenn wir nach ersten Vorübungen nun das eigentliche Unterschiedbilden einführen, wenden wir uns besonders der eher melancholisch tingierten Kindergruppe zu. Ihr stellen wir die Aufgabe, aus dem Ganzen und einem verbliebenen Rest den Unterschied, also – im Sinne des fachlichen Exkurses – das aktiv Verändernde zu berechnen. Das passt zum seelischen Selbsterleben eines melancholischen Kindes in seinem Verhältnis zur Welt.

Einleitend können wir dazu erzählen, wie ein Kind zum Einkaufen geschickt wird – es soll Äpfel holen. Dafür erhält es einen 10 €-Schein. Die Äpfel kosten 4 €, und das Kind erhält richtig sechs 1 €-Stücke wieder zurück. Schnell läuft es nach Hause, in der einen Hand die Tüte mit den Äpfeln, in der anderen das Geld. Plötzlich klingelt es auf der Straße, und als das Kind stehenbleibt und in seine Hand mit dem Geld schaut, sieht es nur noch zwei 1 €-Stücke. Da sieht es auf der Straße auch schon Geld liegen. Wie viel muss es nun suchen? Weiß man das nicht, dann weiß man auch nicht, wann man mit Suchen aufhören darf, und man würde vielleicht den ganzen Tag weitersuchen. Wenn man etwas verloren hat, ist es also immer gut, man weiß, wie viel man verloren hat. Dann kann man viel besser suchen.

Das melancholische Temperament neigt dazu, sich in seinen Unterschieden zur Umwelt besonders stark zu empfinden. Vor allem wird ihm leicht der Mangel bewusst, den es an sich gegenüber einem hohen Ideal beobachten muss. Fähigkeiten anderer Menschen, die es selbst nicht in gleichem Maß besitzt, erzeugen ein solches ideales Bild und zugleich ein schmerzliches Gefühl des eigenen Ungenügens. Anlass zu diesen Differenzerlebnissen gibt es natürlich für jeden Menschen vielfach. Die melancholische Tingierung liegt darin, wie die Differenzerlebnisse zum Bild von uns selbst und einem idealen Zustand in Beziehung gesetzt werden. Der Vorgang darf nicht mit einer depressiven Stimmung verwechselt werden. Für das innerlich stark tätige melancholische Temperament ist das oft eine Anregung, sich selbst stärker zu bemühen und die eigenen Fähigkeiten weiterzuentwickeln.

Die eigentliche Subtraktion kann dann als zweiter Schritt besprochen werden: Wenn das Kind von 6 € 4 € verliert, bleiben 2 € übrig. Ist im ersten Fall aus dem ursprünglichen (r) und neuen (p) Zustand das Verändernde (a) erfragt, so wird im zweiten Fall vom Ganzen (r) und dem Verlust (a) der neue Zustand (p) bestimmt. Im ersten Fall wird nach der Beziehung zwischen zwei gegebenen Zuständen, eben nach dem *Unterschied* gefragt, im zweiten Fall nach dem Ergebnis einer Subtraktion.

Hat also ein seelisch melancholisch gefärbtes Kind eine Unterschiedbildung durchgeführt, so lassen wir von einem sanguinisch orientierten Kind die gleiche Aufgabe als aktive Subtraktion aufgreifen. Was also durch das melancholische Temperament als Unterschied $r \mid p = a$ gerechnet wurde,[30] wird vom sanguinischen als eine Gegenbewegung in der Subtraktion durchgeführt:[31] $r - a = p$.

Übungen

- Eine Klasse geht auf einen Tagesausflug in die Berge. Die Mutter hat Paul eine Tüte mit 12 Pflaumen für die Rast mitgegeben. Sein Freund Florian wandert hinter ihm den schmalen Pfad hinauf. Plötzlich entdeckt Florian, dass die Schleife von Pauls Rucksack aufgegangen ist und dass darin wunderbare blaue Pflaumen zu finden sind. Vorsichtig nimmt er einige heraus und steckt sie sich in die Jackentasche. Als sie nun endlich Rast machen, nimmt Paul seine Tüte mit Pflaumen heraus und erzählt stolz, dass er 12 Pflaumen habe. Mit Entsetzen muss er feststellen, dass er nur noch 7 vorfindet. Wie viele glaubt er verloren? Er errechnet 5 und ist tief betrübt. Da lacht sein Freund Florian und sagt: Ja, wenn du 12 hattest und ich dir 5 genommen habe, dann bleiben dir nur 7. Natürlich gibt er Paul die 5 Pflaumen zurück, beansprucht aber als «Finderlohn» zwei von den 12 Pflaumen. Gutmütig geht Paul auf seine Forderung ein.
- Mit einer solchen kleinen Geschichte kann nun eine Weile gerechnet werden, indem die vorkommenden Zahlen variiert werden.
- Die Familie von Robert ist nicht sehr reich. Sie können ihm nicht einfach alle Wünsche erfüllen. Robert hätte gerne ein Album, das 12 € kosten soll. Er besitzt aber nur 4 €. Wie viel muss er noch sparen oder durch kleine Dienste verdienen? Die Antwort ist: 8 €.

  Ein sanguinisches Kind greift die Zahlen auf und sagt: Wenn dir von 12 € 8 € fehlen, dann hast du jetzt nur 4 €.
- Eine Klassenwanderung soll 9 km lang werden. Der Lehrer sagt in der Erholungspause: Wir haben 6 km schon geschafft. Wie viele Kilometer sind noch vor ihnen? Ein Kind errechnet 3 km.

  Wie lautet die Antwort, wenn anders herum der Lehrer sagt: Wir haben noch 3 km vor uns. Wie viele Kilometer ist die Klasse dann schon gegangen?

Das Rechnen für das sanguinische Temperament und die Antwort des melancholischen Temperaments

In der eigentlichen Aufgabenstellung für das sanguinisch orientierte Kind betonen wir vor allem die atmend-rhythmischen Vorgänge. Dazu bietet sich unter den Rechenoperationen das multiplikativ aufbauende Verhältnisbilden an. Das sanguinische Temperament lebt stark in den Beziehungen zu seiner Umgebung und den Tätigkeiten, die an und mit ihr entwickelt werden können. Es sind also weniger die Dinge selbst, die das Interesse wecken, sondern es ist dasjenige, was sich mit oder an ihnen als Vorgang entfalten lässt.

Die Leichtigkeit und die seelische Beweglichkeit des sanguinischen Temperamentes hängen mit dieser Möglichkeit zusammen, sich immer wieder vom grob Dinglichen zu lösen. Gelingt dies nicht, so senkt sich Betrübnis wie eine regenschwere Wolke vor die sonst lebensfrohe Stimmung. So entsteht das «Himmelhoch jauchzend – zu Tode betrübt».

Wir gehen also mit besonderer Hinwendung zur sanguinischen Kindergruppe zum *Messen* oder *Verhältnisbilden* über. Auch dabei setzen wir – wie bei der Unterschiedbildung – zwei gegebene Größen in eine Beziehung.

Vorübungen

Alle rhythmischen Übungen, die seit Schuljahrsbeginn vor allem in Verbindung mit Sprache durchgeführt wurden und dann in der ersten Rechenepoche modifiziert wurden, indem wir das Zählen nach Zahlenreihen rhythmisiert haben, sind geeignet, das Gefühl und die Fähigkeit zu rhythmischer Gestaltung zu wecken.[32] Bei manchen Kindern muss überhaupt erst durch rhythmisch gesprochene und auch mit Schreiten begleitete Verse eine Vorbereitung getroffen werden, ehe sie an Zahlen- oder Klatschrhythmen herangeführt werden können.

Sehr gerne wird auch folgende Übung gemacht: Der Lehrer

schlägt einen Grundrhythmus vor, den dann die Klasse nachklatscht. Ist das sicher beherrscht, kann der Rhythmus zeitlich halbiert, also doppelt so schnell geschlagen werden. Er wird als Zweierrhythmus bezeichnet. So kann man entsprechend bis zum Vierer- oder sogar Fünferrhythmus fortschreiten.

Sind die Rhythmen eingeübt, kann der Lehrer mit den Fingern einen Wechsel anzeigen – also vom Zweier- zum Vierer- und wieder zum Einer-Rhythmus übergehen. Die Kinder werden darin mit der Zeit sehr geschickt.

Dann können die Rhythmen auch mit den Füßen gestampft werden und schließlich abwechselnd oder gemeinsam mit Händen und Füßen. Die etwas höher gehaltene rechte Hand kann das Klatschen, die linke das Stampfen dirigieren.

Einzelne Kinder können dann statt zu klatschen oder zu stampfen unterschiedliche Klangstäbe anschlagen. Die ganzen Vorübungen sollten in eine musikalische Atmosphäre eingetaucht sein.

Verhältnisbilden und Umstrukturieren

Ist vom Rhythmischen her die Reihenbildung ausreichend vorbereitet, beginnen wir mit räumlichen Gliederungen. So können wir z.B. auf dem Boden einen «Bach» darstellen, in den «Steine» so gelegt sind, dass wir mit insgesamt 12 Schritten hinüberkommen können. Machen wir nun Zweierschritte, so brauchen wir nur noch 6 Schritte, bei Dreierschritten noch 4 usw. Natürlich ist die Ausgangszahl möglichst teilerreich zu wählen (Abb. 19).

Bei dieser Aufgabe werden zwei Schrittzahlen in Beziehung gesetzt: die Ausgangsschrittzahl (z.B. 12) und die Schrittlängenzahl (z.B. 2). Gezählt werden die Schritte. Wir bilden also – in einem schrittweis-multiplikativen Aufbau – die Verhältniszahl 12 : 2 = 6. Die links stehenden Zahlen sind hier eigentlich Längen, gemessen in der Grundgröße der Schritte von Stein zu Stein. Die rechts stehende Zahl ist die (reine) Verhältniszahl. Sie gibt die Vervielfachung der Schritte zum Ganzen an. Wir bestimmen

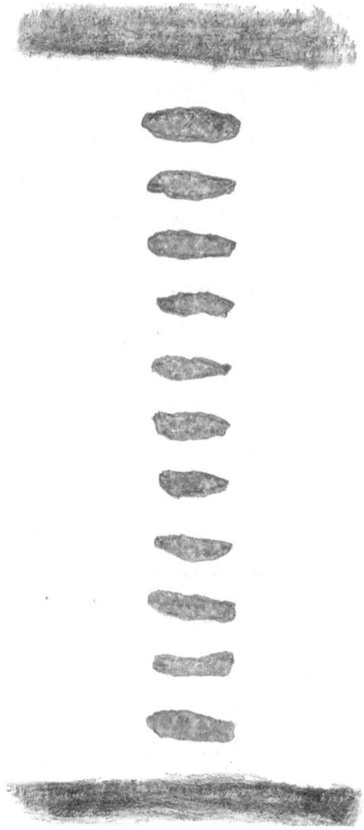

Abb. 19

sie, indem wir die Zahlbestimmung nicht mehr auf die verglichenen Längen, sondern auf *unsere Tätigkeit* richten.

Nach solchen Übungen gehen wir zu Mengen von Dingen über, also stärker vom Zeitlich-Rhythmischen zum Räumlichen: Wir legen eine Menge von Dingen nebeneinander und lassen durch Abzählen die Anzahl bestimmen. Dann trennen wir eine passende Teilmenge ab und fragen, wie viele solcher Teilmengen im Ganzen enthalten sind. Auch hier werden also zwei gleichartige Größen in Beziehung gesetzt: Mengen von Dingen. Die Verhältniszahl ist wieder eine reine Zahl, nicht eine Menge von Dingen.

Beispiel:
Ist das Ganze 12 und die Teilmenge 4, so lautet die Antwort auf die Frage, wie oft die 4 in der 12 enthalten ist: dreimal.
In Längen ausgedrückt: 12 m : 4 m = 3
Dem stellen wir wieder die synthetische Zusammenfügung gegenüber. Dreimal vier ergeben zwölf. In Längen: 3 x 4 m = 12 m

Wie bei den schon besprochenen Temperamenten hat auch hier das Gegentemperament, also das melancholische, die Rechnung aufzugreifen und zu verwandeln. Hier soll es «umstrukturieren», indem es Multiplikator und Multiplikand vertauscht. Hat man also dem sanguinischen Temperament als Ganzheit r Dinge vorgelegt, ein Teil p abgesondert und nach dem Multiplikator a gefragt, so wird nun ein Teil der Größe a abgesondert und nach p (das jetzt Multiplikator wird) gefragt.

Dieser Umstrukturierungsvorgang ist formal natürlich nach dem Kommutativgesetz klar. Liegen aber Dinge vor, so ist die Qualität des jeweiligen Multiplikators bzw. Multiplikanden unmittelbar erlebbar.

Ob geometrisch strukturierte Muster – wie z.B. ein in Quadrate eingeteiltes Rechteck – hier wirklich immer hilfreich sind, mag dann fraglich erscheinen, wenn man bedenkt, dass zu leicht der qualitative Unterschied von Multiplikator und Multiplikand verwischt werden kann. Das räumlich Suggestive muss *nicht* zu einem wirklichen Verständnis führen.

Für das Kind bleibt es eine wesentliche Leistung, das in *einer* Art Geordnete *neu* zu ordnen. In den Anwendungen ist – wie wir bei der Besprechung der Rechenoperationen sagten – eine Vertauschbarkeit der Faktoren im Allgemeinen nicht gegeben. Dieses Umstrukturieren erfordert eine besondere innere Aktivität und Beweglichkeit, die einerseits dem melancholischen Temperament besonders möglich, andererseits ihm zugleich nötig ist, da es dazu neigt, an einmal gebildeten Vorstellungen festzuhalten.

Abb. 20

Eine kleine Übung aus dem Formenzeichnen[33] enthält etwas von diesen Bemühungen, die vom melancholischen Temperament zu fordern sind (Abb. 20). Die linke Form wird vom Lehrer vorgegeben. Dann wird ein melancholisch veranlagtes Kind aufgefordert, dieselbe Form dadurch zu erzeugen, dass es überall dort malt, wo links nichts gemalt ist, und umgekehrt (Abb. 20, rechte Form).

Auch hier muss das Kind das Gegebene in einer besonderen inneren Aktivität umwandeln, indem es durch eine Umstrukturierung – hier: von «Sein» und «Nichts» – die Negativform schafft.

Übungen

- Zunächst können in vielen Variationen einfache Übungen an kleinen Geschichten wie dem Überschreiten eines seichten Baches durchgeführt werden– wobei jeweils ein melancholisches Kind im zweiten Schritt die genannte Umstrukturierung vornimmt. Sie werden jetzt aber auch in einer geeigneten Form an der Tafel und im Heft dokumentiert.
- Von den Bewegungsübungen, die vorne angegeben wurden, sind hier viele einzusetzen.

Das Rechnen für das cholerische Temperament und die Antwort des phlegmatischen Temperaments

Um die Anregung Steiners für das Rechnen mit dem cholerischen Temperament zu verstehen, ist es hilfreich, sich einige seiner charakteristischen Eigenschaften zu vergegenwärtigen. Es äußert sich in positiver Hinsicht als initiativ und gestalterisch tätig. Dies geschieht aus sicherem Selbstbewusstsein und im Vertrauen auf die eigenen Fähigkeiten. Dieses Selbstbewusstsein und Vertrauen kann sich allerdings zur Überschätzung des Möglichen steigern. In Shakespeares *Ein Sommernachtstraum* tritt unter den Männern, die für Titania und Oberon ein Theaterspiel aufführen wollen, Zettel auf. Bei der Rollenverteilung hält er sich selbst für jede Rolle am geeignetsten und möchte sie zugeteilt erhalten. Fast scheint es, er würde am liebsten alle Rollen gleichzeitig spielen; jedenfalls hat er keinen Zweifel, für jede selbst der beste Darsteller zu sein. Solche Fälle sind nicht nur vom Theater bekannt.

Für das Rechnen mit dem cholerischen Temperament ergibt sich entsprechend das Folgende: Vor dem Bewusstsein steht zunächst die gesamte Situation. Die geforderte Leistung ist als Ganzheit inhaltlich klar. Sie erfordert aber eine Vielheit von Funktionen, deren Zusammenspiel noch nicht überblickt wird. Die Einzelfaktoren sind bewusst, nicht aber die Quantität des Ganzen.

Vorübungen

Aus der rhythmischen Zählarbeit können Übungen aufgebaut werden, die speziell die Rechnungen für den Choleriker vorbereiten:

Eine geeignete, bei den meisten Kindern beliebte Übung erfordert das richtige Einschätzen einer Gesamtsituation: Eine Strecke ist auf dem Fußboden vorgegeben, die mit einer bestimmten Zahl gleicher Schritte oder Sprünge zu durchlaufen oder -springen ist. Hier muss aus dem Blick auf das Ganze mit dem ersten Schritt das richtige Maß getroffen werden, eine Forderung, die den Choleriker in seiner Strukturierungskraft anspricht, aber das bewusste Setzen des Anfangs aus dem Ganzen notwendig macht. Es empfiehlt sich, mit einer größeren Zahl von geforderten Schritten zu beginnen und dann die Schrittzahl zu verringern. Sind die Schritte nicht annähernd gleich gewesen, ist der Versuch vom selben Kind zu wiederholen.

Multiplizieren und Dividieren (Malnehmen und Teilen)

Dies kann im Rechnen so aufgegriffen werden, dass ein Produkt r inhaltlich beschrieben, aber nur durch die Faktoren (p und a) bestimmt ist. Auf die arithmetische Beziehung verkürzt, ergibt sich die Fragestellung:

In welcher Zahl r ist p a-mal enthalten?

Beispiel:

? = 4 x 3. Mit inhaltlicher Beschreibung: Eine Garage ist zu überdachen. Dazu werden vier 3m-Balken benötigt. Wie viele Meter Balken sind insgesamt zu kaufen?

?m = 4 x 3m

Die gelöste Aufgabe lassen wir wieder vom Gegentemperament, dem phlegmatischen, aufgreifen und sie in die gewöhnliche Division umformen: Die Zahl r in a Teile geteilt ergibt Teile der Größe p.

Im Beispiel:

12 / 4 = 3 oder mit Längen 12 m / 4 = 3 m bzw. – da der Bruchstrich noch nicht verwendet wird – 12 m : 4 = 3 m.

Übungen aus der rhythmischen Zahlarbeit:

- Der Dreierrhythmus wird mit der fortlaufenden Zahlenreihe geklatscht, gestampft oder gehüpft, also 1 2 $\underline{3}$ 4 5 $\underline{6}$ 7 .... Dabei werden die unbetonten Zahlen immer leiser gesprochen, bis sie nur noch innerlich mitgesprochen werden. Dann wird ein möglichst zur Cholerik neigendes Kind gefragt: Bei welcher Zahl kommst du nach 2, 3, … Hüpfern an?

- Dasselbe mit anderen Zahlenrhythmen.
- Ist, wie im «bewegten Klassenzimmer», genügend Platz und ein Bodenteppich oder -tuch vorhanden, kann sich eine Anzahl von Kindern sternförmig im Kreis auf den Boden legen. Ein Kind beginnt leise mit 1, sein Nachbar sagt leise 2, der nächste laut 3 usw. Ein zur Cholerik neigendes Kind steht in der Mitte. Der Lehrer stoppt das leise und laute Zählen und fragt das Kind in der Mitte: Welches Kind sagt 15 laut?

Zusammenfassung

Durch den Bezug der Rechenoperationen zu den Temperamenten wird neben der Beweglichkeit im Umformen der Zahlenbeziehungen die Aufmerksamkeit der Kinder füreinander und speziell der Gegentemperamente aufeinander geschult.

Rechnet der Lehrer in einer solchen seelisch belebenden Art, entwickelt er auch in sich eine hohe innere Beweglichkeit. Das erfordert freilich einige Anstrengung, die aber manchem in der Zusammenarbeit mit den Kindern viel leichter fällt, als er selbst vielleicht vorher angenommen hat. Vor allem gewinnen die einzelnen Rechenoperationen für ihn – und dadurch auch für die Kinder – seelische Farbigkeit.

Diese Farbigkeit ist nicht zuletzt von großer Bedeutung für ein unmittelbares Gefühl oder Empfinden, welche Rechenoperation in einem Sachzusammenhang anzuwenden ist. Hier treten später oft Unsicherheiten auf, wenn nicht die einzelnen Operationen als charakteristisch verschieden erlebt werden. Der Taschenrechner suggeriert geradezu die Gleichheit der Operationen: Es handelt sich immer nur um einen Tastendruck. Er macht uns unempfindlich für die Qualität der Rechenoperationen. Der

Sinn für ihren inneren Charakter muss also unabhängig davon geschult werden.

Es scheint – außer vielleicht bei der Zuordnung der Rechenarten zu bestimmten Aufgabentypen – keine Regel dafür möglich, welche Operation in einer speziellen Anwendungssituation sachgemäß ist. Die Auswahl muss also im Allgemeinen intuitiv geschehen, wie auch sonst die Verbindung eines Begriffes mit einem Erfahrungsinhalt. Das ist möglich, wenn – neben der Fähigkeit zu einer klaren begrifflichen Analyse des Problems – die Operationen inhaltlich stark differenziert erfahren werden können.

Vor aller logischen Strukturierung der Operationen muss die Erfahrung vorliegen, die logisch in Zusammenhang gebracht werden soll. Das sind eine erkenntnistheoretische und eine entwicklungspsychologische Frage. Wir versuchten, sie mit der dargestellten Methode zu beantworten: Die Erfahrungsgrundlagen für die mathematischen Begriffe liegen in den verinnerlichten Bewegungserfahrungen (siehe dazu das Kapitel «Rechenschwächen und die menschenkundlichen Grundlagen der Mathematik»).

Die mathematischen Operationen richten sich in jeweils unterschiedlicher Weise auf die Bewegungsgesten, mit denen die am inneren Bewegungsvorgang gefassten Zahlen wiederum gegliedert werden. Diese Bewegungsgesten hängen mit der eigenen Leiberfahrung zusammen. Beim Verhältnisbilden ergreifen wir innerlich die rhythmischen Prozesse, beim additiven Gliedern empfinden wir stärker die relativ voneinander unabhängigen Organe, beim Unterschiedbilden das Zurückbleiben des «unteren» gegenüber dem «oberen» Menschen und in der Herstellung des multiplikativ gegliedert gegebenen Ganzen das willenshafte Ergreifen des Gesamtleibes als Bewegungsorganismus (siehe auch das Nachwort).

<table>
<tr>
<td>Addieren
$p + a = r$
Phlegmatiker:
Additives analytisches Gliedern einer Zahl. Was ist r?
Oder: Wie kannst du r aufteilen?
$r = a + b + c + \ldots$
(Choleriker: Aktives synthetisches Addieren: $a + b + c + \ldots = r$)</td>
<td>Unterschied
$r \mid p = a$
Melancholiker:
Ausgehend vom Ganzen und dem Rest wird der Subtrahend berechnet. Es waren r. Geblieben sind p. Was ging verloren? Oder: Was muss weggenommen werden, damit p bleiben?</td>
<td>Subtrahieren
$r - a = p$
(Sanguiniker: Aktives Subtrahieren. Wenn ich a von r abziehe, bleiben p:
$r - a = p$)</td>
</tr>
<tr>
<td>Multiplizieren
$a \cdot p = r$
Choleriker:
Bestimmung einer Zahl aus ihrer multiplikativen Gliederung: In welcher Zahl r ist p a-mal enthalten?
$?r = a \cdot p$</td>
<td>Verhältnis
$r : p = a$
Sanguiniker:
Ausgehend vom Ganzen r und einem Teil p ist der Multiplikator a zu suchen: Du hast r. Wie oft ist der Teil p darin enthalten?
(Melancholiker: Und wie ist es, wenn das Teil die Größe a hat? Umstrukturien wie bei einer Negativbildung.)</td>
<td>Dividieren
$r / a = p$
(Phlegmatiker: Aktives Dividieren. Wenn ich r in a Teile einteile, erhalte ich Teile der Größe p:
$r / a = p$)</td>
</tr>
</table>

Durch kleine Situationsbeschreibungen führen wir die Kinder an die Aufgabenstellungen heran. Dabei kann natürlich nicht für jede Aufgabe eine neue Beschreibung gegeben werden. Stattdessen variieren wir die Situation ein wenig, am einfachsten durch Fragen wie: Und wie wäre es, wenn …? Dabei werden für den gleichen Zusammenhang neue Zahlen vorgegeben. Stereotype Fragestellungen oder Sprüche für bestimmte Aufgabenstellungen sind zu vermeiden. Sind die Rechenarten gründlich behandelt, so können sie gemischt geübt werden, was eine hohe Beweglichkeit des Lehrers erfordert und von den Kindern verlangt, nicht nur den richtigen Zahlenzusammenhang herzustellen, sondern vor allem auch die notwendige Operation aufzufinden.

Als Beispiel für kleine Situationsbeschreibungen kann das Folgende dienen: «Auf einem Bergbauernhof lebte eine junge Familie. Das war früher und ist auch heute noch kein leichtes Leben. Jeder hat nach seinen Kräften mitzuarbeiten. Es gab zu der Zeit, von der ich erzähle, zuerst drei Kinder, aber es wurden, wie wir hören werden, später noch mehr geboren. Schon die Kinder halfen, wo sie nützlich sein konnten. Der Vater sorgte vor allem für die Kühe, melkte sie morgens und abends, half der Mutter in der Käserei und richtete Haus und Stall, wo im Frühjahr nach dem hohen Schnee manches auszubessern war. Die Mutter hatte neben der Hausarbeit den Gemüsegarten, die Käserei und manches andere zu versorgen. Der Großvater kümmerte sich um die Ziegen und einige Schafe. Die Hühner waren der Großmutter zugeteilt, und die Kinder halfen eben, wo es etwas zu helfen gab: Sie suchten die Eier, welche die Hühner allzu oft nicht in die Nester, sondern in alle möglichen Verstecke legten. Sie halfen Beeren pflücken oder trugen das Brennholz für Küche und Käserei zusammen. Wenn aber die Zeit zum Heuen (Heumachen) kam, dann ging jeder mit hinauf, wo der Vater und der Großvater gemäht hatten, rechte zusammen oder wendete das frisch geschnittene Gras, damit es möglichst rasch und gut trocknete, denn das Heu, das Kühe, Ziegen und Schafe im Winter, wenn draußen hoher Schnee lag, in ihren Ställen fraßen, duftete umso besser nach den Sommerblumen und -gräsern, je rascher die Sonne es getrocknet hatte.»

So oder ähnlich kann man den Kindern kleine Beschreibungen geben, in die manches aus den verschiedensten Lebensgebieten einfließt. Dann fährt man fort: «Eine Stunde abwärts, im Tal, lag ein kleines Dorf, wo die Kirche war, ein Bäcker und einige Handwerker wohnten. Auch ein paar Bauern lebten dort, aber die meisten Bauern, die zur Gemeinde gehörten, lebten verstreut an den Berghängen. Zum Dorf brachte der Vater den fertigen Käse, wo ein Händler ihn kaufte, der ihn weiter mit anderen Dingen, welche die Bauern anboten, in die Stadt lieferte. Vom Händler brachte er mit, was sie benötigten und nicht selber machen konnten: Werkzeuge und Nägel, Nadeln und Töpfe, Salz – auch das Salz für die Ziegen – und vor allem das Brot und Mehl, denn Korn wuchs dort oben in der Höhe schwer.

Im Dorf war auch die Schule. Bernhard, der Älteste, war sieben Jahre alt geworden und sollte nun zur Schule kommen. Ursula, seine Schwester, war fast fünf Jahre alt und Martin, der bis jetzt Kleinste, zwei Jahre alt. Als Bernhard in die Schule kam, konnte er für die Familie etwas tun, was oft Sorge bereitet hatte: Je nach den Arbeiten, die gemacht werden mussten, kam der Vater unregelmäßig hinunter ins Dorf. Der Bäcker, der auch noch ein Bauer war, buk nur zweimal in der Woche das Brot und auch Hefewecken, und passte es mit dem Dorfgang des Vaters nicht zusammen, so fehlte Brot manchmal in der Familie.

Von Zeit zu Zeit ging deshalb auch die Mutter hinab, um Brot und manches, was ihr nötig oder schön schien, zu kaufen. Dabei nahm sie gewöhnlich Bernhard oder auch Ursula mit. Vielleicht werdet ihr denken: Das ist für kleine Kinder doch ein zu weiter Weg – eine Stunde den Berg hinab und eineinhalb wieder hinauf –, aber Bergkinderbeine sind das Steigen gewöhnt. Beide Kinder hatten dann Rucksäcke dabei. Bernhard trug darin ein oder zwei Brote hinauf, und Ursula hatte in ihrem Rucksack ein paar Äpfel zur Stärkung auf dem Weg und ihr Püppchen.

Als nun Bernhard in die Schule kam und er jeden Tag den Weg machen musste, da konnte er, wenn es nötig war, immer in seinem Rucksack ein Brot oder auch sonst etwas, das fehlte, mitbringen, und er war dadurch eine rechte Hilfe.

Nach und nach kamen die größeren Geschwister alle in die Schule, nur die später noch geborenen Marie und Sebastian waren zu der Zeit, an die ich jetzt denke, noch nicht in der Schule. Die Schulkinder hatten das Kaufen und Hinauftragen des Brots ganz übernommen. Sie hatten Rucksäcke, in die manches hineinpasste, und es musste recht viel hineinpassen, denn mit der Familie war auch der Hunger gewachsen, und der zwölfjährige Bernhard konnte fast wie ein Großer essen. Unter den Schulkindern gab es, wenn am Sonnabend das Brot gekauft wurde, eine Aufgabe zu lösen: Wer trägt wie viele Brote? Meistens wurden 7 Brote – für jeden Tag eines –, manchmal, wenn etwas übrig war, nur 6, oder es wurden auch mal 8 gekauft. Dass der kleinere Martin nicht so viel wie Ursula und Bernhard tragen konnte, war klar, aber als Schwächling wollte er auch nicht gelten. *Könnt ihr mir wohl sagen, wie sie die Brote getragen haben könnten?*»

Hier kann nun gerechnet werden. Es kann die Zahl der Brote und der tragenden Kinder verändert werden. Das Beispiel ist so gewählt, dass die Ungleichheit wegen des verschiedenen Alters gerecht erscheint. Hierauf muss man achten. Bei ungleicher Verteilung von Süßigkeiten wird mit Recht wenig Zustimmung zu gewinnen sein, wie überhaupt solche Beispiele, die durch Lust am Genuss wirken sollen, nicht immer bleibendes Interesse wecken und nach meiner Auffassung ganz fehlen können.

An die sanguinisch gefärbten Kinder wenden wir uns mit folgender Beschreibung: «Der Schulweg für Bergkinder ist oft recht mühsam. Sonne und Regen, Schnee und Wind erleben sie viel stärker als die Stadtkinder. So konnten sie zwar oft im Winter mit Skiern hinunterfahren, mussten dann aber mühsam durch den tiefen Schnee wieder hinaufstapfen. Schwierig war es auch oft im Frühjahr, wenn der Schnee schmolz und überall das Wasser die Berge hinabsprang. Da traten dann die Bäche leicht aus ihren Betten und überfluteten den Weg. Damit sie halbwegs mit trockenen Füßen hinüberkamen, warfen sie Steine hinein, so nah, dass auch die Kleinen Schritt für Schritt hinübergehen konnten. An einer Stelle, wo der übergetretene Bach den Weg kreuzte, konnten sie so mit 12 Schritten hinüberkommen.» Mit Kreide kann man nun den Bach und die Steine am Boden andeuten.

«Die Größeren gingen natürlich nicht mit kleinen Schritten von Stein zu Stein, sondern sie konnten einen oder sogar zwei Steine überspringen. Mit wie viel Schritten kamen sie hinüber, wenn sie Zweierschritte machten?»

Dies können die Kinder nun am «Bach» spielend tun, der auf den Boden gezeichnet wurde. Ähnlich wird der Dreierschritt usw. besprochen. Ausgehend vom Ganzen, der 12, und einem Teil, der Schrittgröße, wird der Multiplikator, die Schrittzahl, bestimmt. An der Tafel können wir das Produkt und die zusammengehörenden Faktoren so aufschreiben:

Das Ganze

12

Schrittgröße	Schrittzahl
1	12
2	6
3	4
4	3
6	2
12	1

Indem wir das Ganze variieren, analysieren wir die verschiedenen Zahlen multiplikativ und lernen anfänglich etwas von ihrer Verschiedenheit.

Für Aufgaben zum Multiplizieren / Dividieren kann man etwa folgendermaßen fortfahren:

«Als Ostern herannahte, meldete sich die Schwester der Mutter mit ihrem Sohn zum Besuch an. Alle freuten sich, denn oben auf dem Berg sah man nur selten fremde Menschen; und mit dem Vetter konnte man viel unternehmen. Zusammen würden sie sein: die Großeltern (2), die eigene Familie (7) und die Gäste (2). Zusammen waren sie also 11. Natürlich wurde beraten, wer wo schlafen sollte und so weiter. Eier sollten bemalt werden, es sollte gebacken werden, und vom Bäcker wollte man die beliebten Hefekringel kaufen. Wie viele sollte man bestellen – denn sie mussten bestellt werden, sonst konnte man nicht so viele kaufen. Man einigte sich auf zwei Stücke für jeden. *Wie viele musste man bestellen?*

Ebenso beriet man über die Ostereier, die gefärbt und für die Kinder versteckt werden sollten. Das besprach die Mutter mit Bernhard und der Großmutter. Jedes Kind sollte vier Eier bekommen. *Wie viele mussten also aufbewahrt und gefärbt werden?»*

Zum Unterschiedbilden kann man etwa so fortfahren: «Als der Ostersamstag kam, erbot sich Ursula, hinab ins Dorf zu gehen und die Hefekringel zu holen. Der jüngere Vetter lief mit, und munter sprangen sie den Berg hinab. Sie bekamen auch richtig die Kringel, brachten noch einiges andere mit, was die Mutter brauchte, und liefen wieder heimwärts. Als sie aber zu Hause die 22 Hefekringel heraus zählten aus dem Rucksack, waren es nur noch 15! ‹Hast du dem Bäcker nicht gesagt, dass es 22 sein sollen?›, fragte die Mutter. ‹Doch›, sagte Ursula. ‹Aber du hast nichts davon gegessen?›, fragte die Mutter und schaute den Kindern in die Augen. ‹Bestimmt nicht›, sagten beide, und sie waren ganz ehrliche Kinder. Sie schauten sich ratlos an. Da sah die Mutter, dass unten im Rucksack ein Loch war, und schon kam jemand angelaufen und rief: Überall liegen Hefekringel im Gras.› Gleich liefen die Kinder los, um sie einzusammeln. *Wie viele mussten sie finden, damit alle 22 wieder beisammen waren?*»

Wie in den anderen Fällen kann man die Zahlen oder Situationen variieren und die entsprechenden Fragestellungen der entgegengesetzten Temperamente einfügen.

Die Einführung der Operationszeichen

Im Gegensatz zur bildlosen Einführung der Ziffern scheint es mir ratsam, die Operationszeichen (+, –, ·, :) so einzuführen, dass noch ein Rest der vollzogenen Tätigkeit in ihnen gesehen werden kann. Natürlich muss auch hier jeder Lehrer aus seinem Unterrichtsstil und dem Zusammenspiel mit der Klasse eine Wahl treffen, die ja oft nur für eine bestimmte Situation passend ist und darin die fröhliche Heiterkeit erzeugt, die den Kindern ein abstraktes Symbol liebenswert machen kann. So könnte das Pluszeichen «+» an ein Kind erinnern, das die beiden Zahlen zusammenfügt, z.B. in 4 + 5. Eine Kollegin hat das Minuszeichen «—» aus einer kleinen Rechengeschichte abstrahiert, in der ein Fuchs Gänse stiehlt und von dem man nur noch den Schwanz sieht. Das Malzeichen «x» kann z. B. an die Schritte erinnern, die ein Kind über die Steine macht: 4 x 3 stellt vier Dreierschritte dar. Die Divisionspunkte «:» könnten z.B. aus dem Verhältnisbilden gewonnen werden, bei dem durch Springen die Zahl der Schritte sich verringert, wie wir es in der Geschichte mit den Bauernkindern behandelten. Der untere Punkt ist der Stein, über den ein Kind springt . Das Zeichen für den Sprung wird dann zum bloßen Punkt: «:».

Dieses Erinnern an die Tätigkeiten färbt die Symbole seelisch. Damit wird auch etwas dazu beigetragen, die Operationen als charakteristisch verschieden zu erleben – wichtig für die Wahl einer Operation bei Anwendungen, in denen diese nicht sofort ersichtlich ist.

Gedächtnisbildung

Zu den wichtigsten Aufgaben des Erstrechenunterrichts gehört eine gründliche Gedächtnisbildung. Die Psychologie hat viele Aspekte zum Gedächtnis herausgearbeitet, die jeweils in ihrem Kontext von Bedeutung sind.[34] Hier sei ein Aspekt in den Vordergrund gestellt, den Rudolf Steiner in einem Vortrag entwickelte.[35] Er wies dort auf verschiedene Gedächtnisformen hin, die sich im Lauf der Kulturentwicklung herausgebildet haben. In der ältesten indischen Kultur entwickelte sich zunächst ein *lokales Gedächtnis*. Orte, an denen besondere Erlebnisse stattfanden, wurden mit Steinsetzungen oder auf andere Art markiert, sodass das Betreten des Ortes wieder die Erinnerung an das Erlebte wachrief. Man kann auch heute beim kleinen Kind diesen Zusammenhang von Ort und Wiederholung von Aktivitäten beobachten, sei es in der

Wohnung oder an seltener besuchten Plätzen: Der Ort ruft Erinnerungen an Getanes wach und regt zu dem Tun wieder an.

Später entwickelte sich das *rhythmische Gedächtnis*, das stark mit der Sprache verbunden ist. Lernen in orientalischen Kulturen war und ist teilweise bis heute ein Erlernen von Texten aus dem Vor- und Nachsprechen. Auch wir beherrschen Lieder und Sprüche am leichtesten aus dem Singen oder Sprechen und können sie oft nur im sprachlichen Zusammenhang wiedergeben. Das Kind eignet sich im Vorschulalter mit Leichtigkeit vieles in dieser Art an und bewahrt es für sein Leben. Heute steht das *Zeitgedächtnis* im Vordergrund unserer Kultur. Was wir uns als bewusst verfügbares Wissen aneignen, verdanken wir ihm. Es lässt uns Tatsachen und Vorgänge bewahren, und mit den so erworbenen Vorstellungen können wir innerlich handelnd umgehen.

Auf diese letzte Gedächtnisform verweist Rudolf Steiner, wenn er im Zusammenhang mit dem Erstrechenunterricht immer wieder die Gedächtnispflege betont.[36] Betrachtet man die Entwicklung des Kindes, so fällt die Ausbildung dieser Gedächtnisform etwa in die Zeit des beginnenden Zahnwechsels.[37] Menschenkundlich hängt ihre Ausbildung mit dem Freiwerden des Bildekräfteleibes, insbesondere im Kopfbereich zur Zeit des beginnenden Zahnwechsels, zusammen. Die Struktur der leiblichen Organe ist dann weitgehend ausgeprägt,[38] und ein Teil der Bildekräfte steht für die freie Handhabung von Vorstellungen und für das Gedächtnis seelisch zur Verfügung. Die von Jean Piaget beschriebene Stufe der (innerlich vollzogenen) konkreten Operationen[39] ist ein Ausdruck dieser Veränderungen, die mit der Schulreife beginnen. Der Vorstellungsraum erhält damit eine neue Qualität. Das Kind kann sich jetzt innerlich handelnd so in ihm bewegen, dass daraus Überzeugungen über die Verhältnisse der äußeren Dinge – etwa die Unabhängigkeit einer Quantität von ihrer Gestalt – gewonnen werden. Mit der Gedächtnisbildung werden diese Kräfte ichhaft ergriffen, und sie *müssen* ergriffen werden, wenn nicht ein ungeordnetes, durch den Willen nicht geführtes assoziierendes Vorstellungsleben sich entwickeln soll. Der Rechenunterricht bietet durch das Kopfrechnen ein hervorragendes Mittel zur Schulung des willentlichen Vorstellens.

Entwicklungsmäßig betrachtet steht dem Schulkind das rhythmische Gedächtnis schon zur Verfügung. Das Zeit- oder Kopfgedächtnis ist durch unseren Unterricht zu bilden. Wir können also die Grundlagen für das Kopfrechnen, das kleine Einmaleins, zunächst rhythmisch erarbeiten, müssen es dann aber entschieden dem Kopfgedächtnis einprägen. Auch das kleine Einspluseins (alle Summen von 1 + 1 bis 10 + 10) wendet sich schon unmittelbar an dieses Gedächtnis.

Die Einführung des kleinen Einspluseins

Schon in der ersten Rechenepoche lernt das Kind in der beschriebenen Weise addieren. Ausgehend vom Resultat, dem Ganzen, gliedert es Mengen additiv und fügt sie synthetisch wieder zusammen. Unter den additiven Gliederungen nehmen die zweistelligen Summen eine besondere Stellung ein. Wird also die Sieben erarbeitet, so werden an der Tafel und im Heft (möglicherweise schon vor Einführung des +-Zeichens) geordnet die Zerlegungen stehen:

7	
6	1
5	2
4	3
3	4
2	5
1	6

Diese werden gedächtnismäßig geübt, bis Sicherheit entsteht. Dazu kann eine der Spalten abgedeckt oder ausgewischt werden, und indem man auf verschiedene Zahlen zeigt, ist der ergänzende Summand zu nennen. Natürlich können bewegliche Kinder auch mehrere Summanden nennen, die das Fehlende ergänzen. In der hier genannten Übungsgruppe ist aber die Zerlegung in zwei Summanden zu betonen.

Dann lassen sich zwei weitere Übungsgruppen zu den einzelnen Zahlen durchführen. Soll beispielsweise das «+2» geübt werden, so lassen wir die Zahlen so zerlegen, dass der zweite Summand 2 ist. Wir sagen also 5, und die Kinder geben als Lösung 5 = 3 + 2 an. Das lässt sich nach einiger Zeit (im Lauf des ersten Schuljahres) so verkürzen, dass nur der unbekannte erste Summand genannt wird. Es wird also 5 gesagt oder auch nur gezeigt, und die Kinder sagen oder zeigen 3 usw.

In einer weiteren (synthetischen) Übungsgruppe ist zur jeweils genannten Zahl 2 zu addieren. Wird also 5 gesagt, so ist als Lösung 7 zu nennen: 5 + 2 = 7. Auch hier kann die Aufgabenstellung immer knapper gestellt werden, sodass ein rasches Rechnen möglich wird.

Zur Einführung der ersten Übungsgruppe kann man etwa sagen: «Wir üben das Und-Zwei. Ich denke mir eine Zahl. Zu ihr habe ich immer schon 2 dazugezählt. Ihr müsst mir sagen, welche Zahl ich mir gedacht habe.» Man nennt nun beispielsweise 7, und die Kinder antworten 5 usw. Bei der zweiten Übungsgruppe kann man sagen: «Jetzt zählt ihr zur Zahl, die ich euch nenne, immer 2 dazu.» Sagt man also 4, so nennen die Kinder 6 usw.

Die Kinder können natürlich auch Aufgaben «weitergeben» oder in Gruppen üben. Es kommt wesentlich darauf an, dass schließlich kein eigentlicher Rechenvorgang (durch Weiterzählen oder anderes) mehr notwendig ist, sondern die einfachen Additionen sicher gedächtnismäßig beherrscht werden.

Ist das kleine Einspluseins dem Gedächtnis eingeprägt, spielt das bekannte «Ergänzen auf den vollen Zehner» keine wesentliche Rolle mehr. Die Rechnung – die natürlich nur im Kopf gemacht wird –

$$7 + 8 = 7 + (3 + 5) = (7 + 3) + 5 = 10 + 5 = 15$$

ist nach meiner Auffassung an dieser Stelle ein unnötiger Stolperstein im Rechenfluss. Besser ist es, das Einspluseins sicher gedächtnismäßig zu beherrschen.

Die Einführung des kleinen Einmaleins

Das kleine Einmaleins geht aus der rhythmischen Zählarbeit hervor. Schon in den ersten Stunden beginnen wir, das Zählen durch lautes und leises Sprechen zu differenzieren. Dazu werden auch Schreit- und differenzierte Bewegungsübungen durchgeführt. Das führt u. a. zu rhythmischen Gliederungen der Zahlenreihe, bei denen jede zweite, jede dritte usw. Zahl betont wird. Hieraus entwickeln wir die Zweier-, Dreier- usw. Reihen. Zu ihrer sicheren Beherrschung gehört, dass sie nicht nur aufgesagt werden können, sondern eine gewisse Beweglichkeit in ihnen entwickelt wird (siehe unten). Das bloße chorische Sprechen oder das Sprechen durch einzelne Kinder reicht nicht aus. Übungen wie etwa die folgenden helfen, die gemeinte Beweglichkeit zu erzeugen:

- Chorisches Sprechen einer Zahlenreihe, z. B. 2, 4, 6 …, vorwärts und rückwärts.
- Die Klasse wird in zwei Gruppen geteilt, die regelmäßig wechselnd die Zahlen nennen.
- Die Klasse wird in zwei oder mehr Gruppen geteilt. Der Lehrer zeigt unregelmäßig auf eine Gruppe, die die nächste Zahl der Reihe zu sagen hat.

– Die Klasse sagt die Reihe auf. Auf ein Handzeichen bricht sie ab. Ein Kind hat die folgende oder die vorhergehende Zahl der Reihe zu nennen.

Übungen dieser Art kann man vor der Klasse auch mit einzelnen Kindern machen. Dazu kann z.B. eine Gruppe von Kindern sich im Kreis aufstellen. Ein kleiner, gut greifbarer Ball wird mit dem Nennen der Zahl einem anderen Kind im Kreis zugeworfen, das die nächste Zahl nennt.

Während das rhythmische Sprechen rasch aus dem rhythmischen Gedächtnis beherrscht wird, muss beim unregelmäßigen Sprechen starker das Kopfgedächtnis aufgerufen werden. Das rhythmische Sprechen wird leicht halbbewusst träumerisch vollzogen. Durch den Übergang zur Unregelmäßigkeit und vom Chor zum Einzelkind werden die Zahlvorstellungen bewusster, wacher gebildet. Dieses Aufwecken ist gerade im Rechenunterricht eine wesentliche pädagogische Aufgabe, anders als in der künstlerischen Arbeit, wo etwa beim Singen, Rezitieren oder Eurythmisieren die Störung des Tätigkeitsflusses dem kindlichen Erleben schaden kann.

Unzureichende Rechenfähigkeiten einer Klasse sind häufig auf ein mangelndes Aufwecken durch das Ansprechen des Kopfgedächtnisses und das fehlende Ansprechen von Einzelleistungen zurückzuführen.

Arbeitet der Lehrer mit diesen unterschiedlichen Tätigkeiten, so kann er beobachten, wie die einzelnen Seelenkräfte aufgerufen werden. Im rhythmischen Schreiten oder den sonstigen rhythmischen Bewegungen wird der Wille, verbunden mit dem rhythmischen System, angesprochen. Im bloßen Sprechen kommt der Leib zur Ruhe. In dem für das einzelne Kind unregelmäßigen Aufrufen der Zahlen wird die freie Beweglichkeit im Vorstellen geweckt. Der Stoff wird pädagogisches Werkzeug, um die Seelenkräfte geordnet aufzurufen und den Kopf aufzuwecken (siehe Abb. 21).

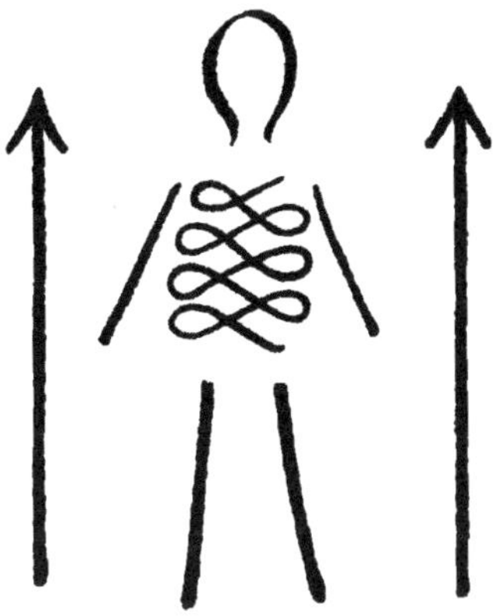

Freie Beweglichkeit in der Zahlenreihe

Rhythmisches Sprechen

Rhythmische Bewegung und Sprache

Abb. 21

Ist dann die Multiplikation in der oben besprochenen Weise eingeführt, so kann im Anschluss an Schreitübungen das Einmaleins aufgeschrieben und gelernt werden. Zum Beispiel lassen wir ein Kind vor der Klasse die Dreierreihe gehen und die Klasse die Zahl der Schritte nennen, also:

Einzelkind	Zahl der Schritte	Klasse
3	1	3 ist 1 · 3
6	2	6 ist 2 · 3
9	3	9 ist 3 · 3
.	.	.
.	.	.
.	.	.

Voraussetzungen für diesen Schritt sind – jeweils für die betreffende Einmaleins-Reihe – das Erarbeiten eines genügend großen Zahlenraumes durch das Zählen, das Beherrschen der betreffenden Zahlenreihe und die Einführung der Multiplikation. Sobald diese Voraussetzungen erfüllt sind, zögere man allerdings nicht, energisch mit dem Erlernen voranzuschreiten:

«Dann aber beginne man, wenn das Kind mit dem Zahnwechsel fertig ist,[40] ja gleich damit, es das Einmaleins lernen zu lassen, und meinetwillen sogar das Einspluseins; wenigstens, sagen wir, bis zur Zahl 6 oder 7. Also das Kind möglichst früh das Einmaleins und Einspluseins einfach gedächtnismäßig lernen zu lassen, nachdem man ihm nur prinzipiell erklärt hat, was das eigentlich ist, es prinzipiell an der einfachen Multiplikation erklärt hat, die man so in Angriff nimmt, wie wir das gesagt haben. Also kaum dass man imstande ist, dem Kinde den Begriff des Multiplizierens beizubringen, übertrage man ihm auch schon die Pflicht, das Einmaleins gedächtnismäßig zu lernen.»[41]

Wie schon bei den Zahlenreihen kommt es wesentlich darauf an, die Einmaleinsreihen nicht nur rhythmisch zu beherrschen, sondern einen sicheren Zugriff aus dem Kopfgedächtnis heraus auf jede einzelne Multiplikation zu entwickeln. Nach der freien Beweglichkeit in der einzelnen Einmaleinsreihe ist die Beweglichkeit zwischen den verschiedenen Reihen zu üben.

Der vorgeschlagene Weg enthält also in etwa die folgenden Schritte:

- Fähigkeit zu zählen
- rhythmisches Zählen, nach Zahlenreihen geordnet
- Schulung einer anfänglichen Beweglichkeit innerhalb einer Zahlenreihe
- Behandlung der Multiplikation
- Einführung der Einmaleinsreihen
- Beweglichkeit innerhalb einzelner Reihen
- freie Beweglichkeit zwischen den Reihen, und zwar sowohl für die multiplikative Zerlegung einer Zahl in Faktoren aus dem kleinen Einmaleins als auch synthetisch die Berechnung des Produktes aus den Faktoren.

Hinweisen möchte ich nachdrücklich auf den Ausdruck «Pflicht» in Rudolf Steiners Äußerung. Gerade das willensmäßige bewusste Aneignen von Gedächtnisinhalten ist mit der eingetretenen

Schulreife eine zentrale pädagogische Aufgabe. Der zugehörige Ausgleich durch die Fantasiekräfte ergibt sich innerhalb des Rechenunterrichts durch Rechengeschichten, den Erfindungsreichtum von Schülern und Lehrern in der Gestaltung der rhythmischen Übungen und manches andere mehr. Die Gedächtnisanforderungen im Rechenunterricht sind umgekehrt gerade das notwendige Gegengewicht zu den fantasiebetonten Unterrichtsanteilen.[42]

Zum Gesamtaufbau des Rechenunterrichts im ersten Schuljahr

In der Regel stehen für den Mathematikunterricht in den ersten Schuljahren jeweils etwa zwölf Epochenwochen zur Verfügung. Diese lassen sich gut in drei Epochen von jeweils vier Wochen Dauer gliedern. Da die Winterzeit besonders für das Rechnen geeignet ist, werden sie vielleicht im Spätherbst, im Winter und um die Osterzeit liegen. In der letzten Zeit des Schuljahres wird dann im Wiederholungsteil auch das Rechnen noch einmal aufgerufen. Manche Lehrer nehmen es aber auch regelmäßig in den rhythmischen Teil anderer Epochen auf.

Für die inhaltliche Gliederung des Stoffes in den einzelnen Epochen hängt viel vom Enthusiasmus des Lehrers für das Rechnen und von der besonderen Konstellation der Fähigkeiten in der Klasse ab. Allgemein dürfte aber zu empfehlen sein, in der ersten Epoche – wie vorgeschlagen – die Themen noch sehr locker anklingen zu lassen. Wichtig ist der analytische Prozess der Zahl- und Operationseinführung, die Sicherheit im Zählen, im Schreiben der Ziffern und im Erfassen von (kleineren) Anzahlen. Die Zahlen sollen durch die rhythmischen Übungen zum Bewegungserlebnis werden. Einfache schriftliche Rechnungen können in der angegeben Weise auch noch ohne die Operationszeichen durchgeführt werden. Der Lehrer sollte so bald wie möglich vorhandene Rechenschwächen erkennen und in den rhythmischen und Zahlerfassungsübungen behandeln.

Die zweite Epoche kann den Charakter der einzelnen Rechenoperationen deutlicher ins Bewusstsein heben, sie benennen und die Operationszeichen einführen. Dies ist möglich, wenn in der ersten Epoche straff mit mathematischen Tätigkeiten begonnen und nicht Zeit z.B. mit einer unökonomischen Einführung der Ziffern verloren wurde. Das kleine Einspluseins kann anfänglich erübt werden. Die Erarbeitung der Reihen bereitet das Einmaleins vor. Das Zählen und Schreiben der Zahlen lässt sich etwa bis 120 ausdehnen.

Die dritte Epoche setzt alles Begonnene fort, wendet sich aber schwerpunktmäßig der Erarbeitung der ersten Einmaleinsreihen zu. Die Kinder sollen durch das immer wieder geübte rhythmische Zählen einen deutlichen Eindruck von der Ordnung der Zahlen haben und auch Zahlenräume im Bereich der ersten Zehner innerlich überschauen. Fähige Kinder sollten möglichst nicht gezwungen werden, Zahlverhältnisse mit Rechenmaterialien darzustellen. Wer frei rechnen kann, muss dafür anerkannt werden (vgl. dazu den Abschnitt «Materialien im Mathematikunterricht», S. 119ff.).

Im Ganzen wird man im ersten Schuljahr viele Keime legen, die erst im zweiten Schuljahr zu Früchten führen. Deshalb können wir ruhig abwarten, wie sich die Kinder das Gelernte in unterschiedlicher Weise aneignen und Rechenfähigkeiten entwickeln. Gerade in der Mathematik sind – ähnlich wie in der Musik – die Fähigkeiten außerordentlich verschieden, und was das eine Kind kaum zu lernen braucht, muss bei einem anderen in Ruhe sich entwickeln können. Sehr wichtig ist es dabei, darauf zu achten, dass bei den Kindern keine Furcht vor dem Versagen entsteht. Dies kann zu schweren Störungen führen, die lebenslang die Rechenfähigkeit behindern. Herrscht, wie so häufig im Rechnen, ein großer Enthusiasmus, dann wird manches Kind im zweiten Jahr können, was im ersten Jahr noch nicht möglich war. Wenn man den Stoff im ersten Schuljahr wenig formalisiert behandelt, ist das für den Fortschritt im zweiten Jahr gut, weil weniger Verängstigungen bei bestimmten Kindern auftreten.

Aus der Unterrichtspraxis

Die bisherigen Teile dieses Buches haben vor allem die Grundlagen für einen menschenkundlich begründeten Mathematikunterricht in den ersten beiden Klassen bereitgestellt. Hinzu kamen konkrete Anregungen für die Gestaltung der ersten Stunden und Epochen. Der tatsächliche Unterrichtsverlauf liegt aber selbstverständlich in der Verantwortung des einzelnen Lehrers.

Dazu sollen nun weitere Anregungen gegeben werden, die für den Unterricht hilfreich sein können. Ob und wann sie einzusetzen sind, muss – wie gesagt – jedem Einzelnen überlassen bleiben. Am fruchtbarsten werden sie wirken, wenn sie als Anregung für eigene Ideen dienen. Denn wie gut ein Unterricht ist, wie wirksam er für die Kinder ist, hängt in hohem Maß auch an dem seelischen Klima im Klassenraum. Wenn der Lehrer Freude und vielleicht sogar Spaß an den Übungen hat, wenn viel gelacht und gemeinsam ausprobiert wird, dann verbinden sich die Kinder am besten mit dem Unterrichtsinhalt. Es hängt eben die Aneignung und spätere Erinnerungsmöglichkeit eines Inhalts stark mit dem emotionalen Bezug zusammen.

Übungen

1. Zahlen in die Bewegungen mischen

Neben dem gegliederten Zählen, wie es oben vorgestellt wurde, gibt es viele Möglichkeiten, Zahlen mit Bewegungen zu verbinden. Dabei ist grundsätzlich zu beachten, was im Kind speziell angesprochen werden soll: Soll es lernen, Rhythmen wahrzunehmen und vollziehen zu können? Soll eine schrittweise Verinnerlichung stattfinden? Oder geht es um spezielle Gedächtnisübungen?

Bei den einfachsten rhythmischen Übungen wird nach vorgegebenen Zahlen vorwärts oder rückwärts geschritten oder auch gehüpft oder geklatscht. Viele Variationen sind bei diesen Übungen möglich. Es sollte allerdings eine sinnvolle Reihenfolge eingehalten werden.

- Wenn wir beispielsweise begonnen haben, 1 2, 1 2, 1 2, ... so zu schreiten, dass die 2 immer betont wird, dann können wir die Reihenfolge auch umkehren, indem wir rückwärts schreiten: 2 1, 2 1, 2 1
- Oder wir können den Zweier- und Dreierrhythmus abwechseln, indem wir schreiten 1 2, 1 2 3, 1 2, 1 2 3, 1 2, ... Diese Übung

können wir auch von zwei Kindern machen lassen, wobei das eine Kind den Zweier-, das andere Kind den Dreierrhythmus immer abwechselnd aufeinander zu und voneinander weg schreitet.

- Sind diese Übungen gesichert, können sie im *Weiter*zählen vertieft werden, also beispielsweise in der Art 1 2, 3 4, 5 6, ... Diese Übung erfordert dann schon etwas mehr Aufmerksamkeit.
- Anregend kann es auch sein, in der folgenden Weise abwechselnd vorwärts und rückwärts zu schreiten:
  1 (vorwärts), 1 (rückwärts), 1 2 (vorwärts), 2 1 (rückwärts), 1 2 3 (vorwärts), 3 2 1 (rückwärts), 1 2 3 4 (vorwärts), 4 3 2 1 (rückwärts), ...
- Schwieriger werden diese Übungen, wenn zum Beispiel die unbetonten Zahlen mit den Händen geklatscht, die betonten mit einem Schritt gemacht werden – oder umgekehrt.
- Arbeitet man mit zwei Einzelkindern oder zwei Gruppen, dann kann die eine Gruppe (das eine Kind) die betonten, die andere Gruppe (das andere Kind) die unbetonten Zahlen klatschen bzw. schreiten.
- Bildet man mehr als zwei Gruppen, kann man entsprechend mehr Variationen einfügen. So kann man zum Beispiel drei Kinder im Kreis aufstellen und sie reihum den Viererrhythmus zählen lassen. Jedes Kind, das auf die letzte betonte Zahl kommt, springt etwas in die Höhe. So kann man es auch mit anderen Zahlen machen.
- Später, wenn die Kinder sicherer im Zählen geworden sind, kann man verschiedene Anzahlen von Kindern mit unterschiedlichen Rhythmenzahlen verbinden, wie z.B. fünf Kinder mit dem Siebener-Rhythmus. Dabei können zunächst die Kinder immer wieder reihum bis sieben zählen. Wer die sieben bekommt, hüpft.
- In Erweiterung dieser Übung kann dann fortlaufend weiter gezählt werden. Wer zu einer Siebener-Zahl gelangt, hüpft.

- In solchen Übungen kann auch eine Differenzierung vorgenommen werden: Zum Beispiel kann ein Kind oder eine Kindergruppe eine sich immer weiter aufbauende Zahlenreihe gehen, ein weniger fähiges Kind kann dazwischen immer wieder den Rhythmus 1 $\underline{2}$, 1 $\underline{2}$, 1 $\underline{2}$, … kräftig stampfen.

Alles sollte aus einer musikalischen Stimmung heraus gestaltet werden mit viel Fantasie und Einfallsreichtum, die der Lehrer aus der Arbeit mit den Kindern gewinnt, aber auch natürlich die Kinder besitzen und einbringen wollen.

2. Die Verinnerlichung von Tätigkeiten

Eine Verinnerlichung aller solcher Übungen wird dann erreicht, wenn die körperliche Bewegung mehr und mehr unterdrückt wird, sodass eventuell nur noch die hervorgehobenen Zahlen deutlich geklatscht werden, die unbetonten Zahlen werden dagegen nur innerlich leise gesprochen. Schließlich kann alles ganz bewegungslos stattfinden, und nur auf ein Zeichen des Lehrers wird laut ausgesprochen, wo ein Kind, eine Gruppe oder die Klasse gerade ist.

Soll im Ganzen mehr auf eine Tätigkeit hingezielt werden, bei der das Vorstellen stärker die Tätigkeiten begleitet, kann folgende Übungsfolge hilfreich sein:

- Ein Kind zählt 1 und macht mit dem rechten Fuß beginnend einen Schritt nach vorn. Der linke Fuß bleibt an seinem Platz. Dann zählt das Kind 1 2 und macht, mit dem rechten Fuß beginnend, zwei Schritte zurück. Dann zählt es 1 2 3 und macht nun mit dem linken Fuß beginnend drei Schritte nach vorn. Als Nächstes zählt es bis vier und macht entsprechend vier Schritte rückwärts, dann wieder fünf Schritte vorwärts, sechs Schritte rückwärts und schließlich sieben Schritte vorwärts. Danach geht der ganze Vorgang zurück: sechs Schritte rückwärts, fünf Schritte vorwärts, vier Schritte rückwärts, drei Schritte vorwärts, zwei Schritte rückwärts und einen Schritt vorwärts.

- In der nächsten Übung wird die letzte Zahl im Stehen geklatscht. Es wird also jeweils ein Schritt unterdrückt. Dies erfordert eine wachere Kontrolle der eigenen Bewegung als die erste Version.
- Will man diese Übung steigern, können nun die erste und die letzte Zahl jeweils im Stehen geklatscht werden. Die Folge ist, dass erst bei der 3 mit dem rechten Fuß ein Schritt nach vorne gemacht wird: Das Kind sagt 1 und klatscht im Stehen. Es sagt 2 und macht mit dem rechten Fuß einen Schritt vorwärts. Der linke Fuß bleibt an seinem Platz. Es sagt 3 und klatscht im Stehen.
- Soll diese Übung zur speziellen Gedächtnisschulung eingesetzt werden, so kann verabredet werden, welche Bewegungen zu den einzelnen Zahlen auszuführen sind – das Kind kann bei einer Zahl in die Hocke gehen, eine Hand auf den Kopf legen, sich umdrehen oder was auch immer. Sind alle Zahlen mit bestimmten Handlungen verbunden, sollte man darauf achten, dass insgesamt eine schöne Bewegungsabfolge entsteht.
- Etwas schwieriger wird diese Übung noch, wenn bei allen Zahlen, die mit einer Handlung belegt wurden, auch die Zahlen nicht mehr genannt, sondern nur die Handlung vollzogen wird.
- Was hier für ein Einzelkind geschildert wurde, kann mit ein, zwei oder mehr Kindern oder mit einer, zwei oder mehr Gruppen getan werden.

3. Übungen zur Gedächtnisbildung

Für das schwache Gedächtnis mancher Kinder ist es hilfreich, Vorgänge oder Handlungen vorwärts und rückwärts beschreiben und tun zu lassen.

- Man kann z.B. ein Kind auffordern, seinen Schulweg in der Vorstellung zunächst vorwärts, dann rückwärts durchlaufen zu lassen und dabei seinen Weg zu beschreiben.
- Von einer Pflanze kann man etwa die folgende Abfolge nennen: Samen, Keim, Wurzel, Stängel, Blatt, Knospe, Blüte, Frucht, Samen. Das Kind kann nun rückwärts die Abfolge nennen: Samen, Frucht, Blüte, Knospe, Blatt, Stängel, Wurzel, Keim, Samen. Je nach Alter kann man natürlich einfacher beginnen, indem man weniger Dinge nennt, also nur Samen, Blätter, Blüte. Schrittweise kann man dann eine längere Folge aufbauen. Immer würde ich Folgen bevorzugen, die einen sinnvollen Zusammenhang ergeben.
- Diese mehr allgemeinen Gedächtnisübungen können im Mathematikunterricht ähnlich aufgebaut werden. So kann man z.B. ein Kind vorwärts zunächst bis eins, dann bis zwei, dann bis drei und so fort zählen lassen, wobei es immer die genannte Zahlenreihe zuerst auch rückwärts aufsagt, bevor es zur nächsten Zahl übergeht, also wie wir es oben schon beschrieben hatten: 1, 1, 1 2, 2 1, 1 2 3, 3 2 1 …
- Später wird dies fortgesetzt, indem man genannte mehrstellige Zahlen rückwärts lesen lässt. Aus 13 wird 31, aus, 87 wird 78 oder aus 324 wird dann 423.
- Auch die Rechenarten, wie sie für die Temperamente geschildert wurden, sind gleichzeitig Gedächtnisübungen. Erhält ein Temperament eine Aufgabe, so hat das Gegentemperament sorgfältig wahrzunehmen, was es als Antwort gibt, und dann entsprechend die Umkehraufgabe zu lösen. Dies erfordert viel Wachheit, und waches Interesse ist die erste Voraussetzung für eine Besserung der Gedächtnisfähigkeiten.

Allgemeines zur Qualität des Zählens und der Arbeit mit Zahlenreihen

Wie wirkt es, wenn wir zählen 1, 2, 3,… und die Zahlenreihe immer weiter führen, indem wir vorwärts zählen? Es ist ein ständiges Vergrößern, das unbegrenzt fortgesetzt werden kann. Wie reagieren empfindliche Kinder darauf?

Man kann die innere Bewegung so beschreiben, dass wir von einem Ausgangspunkt immer weiter von uns selber weggeführt werden. Als Bild könnte man sich eine wachsende Spirale vorstellen, die sich vom Zentrum entfernt und das eigene Bewusstsein immer weiter hinausführt. Die Spiralform ist aus dem Formenzeichnen bekannt und führt dazu, dass die Kinder sich leicht lockern und die Stimmung in einer Klasse heiterer werden kann. Diesen Vorgang kann man auch folgendermaßen beschreiben: Man geht von einem Zentrum aus, an das sich immer weitere Elemente anlagern im Sinne von Abbildung 3, Seite 19.

Eine ganz andere Qualität hat dagegen das Rückwärtszählen. Der Prozess des Rückwärtszählens führt uns zu uns selbst zurück und läuft auf einen selber zu. Es könnte auch wie ein Rückwärtsschreiten, Ansaugen oder Zusammenziehen empfunden werden. Diese Dinge können konkret im Formenzeichnen bei Spiralübungen beobachtet werden.

Um auch den inneren Prozess der Multiplikation bzw. Division noch besser empfinden zu lernen, machen wir uns wieder die Grundgebärden des Ausdehnens und Zusammenziehens bewusst, auf die wir bei der Addition und Subtraktion hingewiesen haben. Bei einer Additionsreihe 7 + 5 + 6 + 3 geschieht eine Vermehrung in bestimmten «Paketen», die dazugezählt werden oder bei der Subtraktion abgezogen werden. Bei der Multiplikation handelt es sich um einen viel dynamischeren und beweglicheren Prozess, den man als eine Art inneres, rhythmisches Weiten bzw. Verengen bezeichnen könnte.

Während das Addieren ein Bild in der Form der Archime-

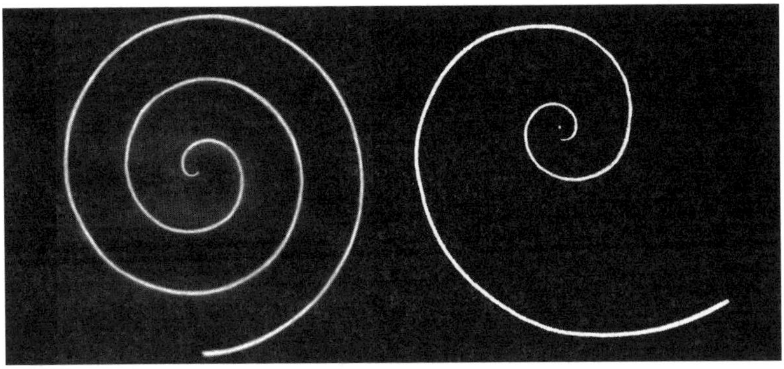

Abb. 22: Archimedische und Bernoullische Spirale

dischen Spirale besitzt, ist das multiplikative Wachstum als innere Gesetzmäßigkeit in einer Bernoullischen Spirale zu finden (Abb. 22).[43]

Rechenschwächen und die menschenkundlichen Grundlagen der Mathematik

Das Problemfeld der Rechenschwächen ist – ähnlich wie das der Legasthenie – außerordentlich vielfältig. Es lässt sich nicht als ein einheitliches Erscheinungsfeld charakterisieren. Dazu kommt, dass viele Fragen noch einer tiefergehenden Erforschung bedürfen. Doch kann Forschung nur innerhalb eines begrifflichen Rahmens durchgeführt werden, und die folgende Skizze möchte dazu einen bescheidenen Beitrag leisten. Dieser kann aber für den Lehrer die Beobachtung leiten und auf Probleme aufmerksam machen, die sonst übersehen werden könnten.

Es gibt, wie gesagt, kein einheitliches Syndrom «Rechenschwäche». Sehr unterschiedliche Ursachen können letztlich zu ähnlichen Verhaltens- oder Erscheinungsformen führen, eben zu den mathematischen Leistungs- oder Teilleistungsschwächen. Erschwerend kommt zur Ursachenvielfalt beim Studium der Rechenschwächen noch hinzu, dass es ganz unterschiedliche Literaturkreise gibt, die sich diesem Thema widmen.

Da gibt es einmal die umfangreichen Untersuchungen von Fachdidaktikern zu Fehlleistungen im Rechnen. In ihnen wird vor allem erforscht, welche Fehler beim Lösen von Aufgaben auftreten. Solche Fehler sind etwa die falsche Wahl einer Rechenoperation oder die Anwendung falscher Regeln, z.B. wenn bei der Addition von zwei Brüchen Zähler und Nenner jeweils zusammengezählt werden. Solche Analysen machen darauf aufmerksam, wo besondere Schwierigkeiten beim Lösen von Aufgaben für Kinder vorliegen. Aufgrund derartiger Untersuchungen hat man eine Vielzahl didaktischer Hilfen ersonnen und erprobt. Von eigentlichen Rechenschwächen wird dabei im Allgemeinen nicht gesprochen.

Neben solchen Darstellungen gibt es eine allgemeine lernpsychologische Literatur, die sich u.a. mit dem Problem der Rechenschwächen befasst; dann gibt es das weite Feld der sonderpädagogischen bis hin zu psychiatrischen und neuropsychologischen Arbeiten. Von besonderer Bedeutung sind auch die Schriften zur Psychomotorik, wie sie von Kiphard und seinen Mitarbeitern vorliegen.[44]

Wir wollen uns einigen Typen von Rechenschwächen zuwenden, die sich nach ihren Ursachen unterscheiden lassen.

Didaktisch verursachte Rechenschwächen

1. Eine spezielle didaktisch verursachte Rechenschwäche kann als Folge eines Methodenwechsels auftreten. Eine solche Ursache kann bei einem auffälligen Kind immer dann vermutet

werden, wenn ein Schul- oder auch nur ein Lehrerwechsel stattgefunden hat. Die Gefahr eines Versagens wächst, wenn eine Methode stark an ein spezielles Material fixiert ist. Hat z.B. ein Kind das Rechnen an Cusinaire-Stäbchen – das sind kleine Hölzer, mit denen eine Zahl durch eine Farbe und eine Länge dargestellt wird – gelernt und verfolgt ein anderer Lehrer eine andere Methode, so erkennt es unter Umständen die Sache nicht wieder und erbringt nicht die geforderte Leistung.

2. Nahe verwandt als Ursache für ein mathematisches Versagen kann die enge Fixierung auf ein Darstellungsmittel sein, wenn der Übergang zum nicht-anschauungsgebundenen Rechnen relativ abrupt vollzogen wird. Das Kind fühlt sich unfähig, die geforderten Leistungen ohne die Veranschaulichungen der Zahlen und Operationen zu erbringen, und versagt. Wurden beispielsweise in höheren Klassen die ersten Potenzen ausschließlich linear, flächenhaft oder räumlich veranschaulicht – entsprechend der ersten, zweiten oder dritten Potenz –, so müssen die weiteren Potenzen für Kinder, die zu anschauungsgebundenem Denken erzogen wurden, ein abstraktes Rätsel bleiben. Die didaktische Fragwürdigkeit liegt hier in der einseitigen Darstellung arithmetischer Verhältnisse durch die Geometrie und in einem nicht ausreichend reflektierten Übergang.[45]
3. Eine spezielle Form der mathematischen Leistungsschwäche konnte man als Folge des logizistischen Ansatzes in der Schulmathematik beobachten. In den sechziger Jahren begann die Reform des Mathematikunterrichtes mit den Versuchen, die Schulanfänger mit einer «Schul-Mengenlehre» zu konfrontieren. In den siebziger Jahren wurde die Reform verbindlich für alle Schüler, die nach dem staatlichen Lehrplan unterrichtet wurden. Die Hoffnung, mit dem logizistischen Ansatz zugleich auch die psychologische Genese mathematischer Begriffe im Kind nachvollziehen zu können, erwies sich als weitgehend unhaltbar und führte in Einzelfällen zu einem speziellen Leis-

tungsversagen, das von der Konstitution des Kindes her nicht zu begründen war.

Ein Beispiel: Es hat in der Zeit der Mengenlehre Kinder gegeben, die sich weigerten, die geforderten Denkformen aufzunehmen. Diese aus dem Logizismus abgeleiteten Denkformen sollten das Kind in eine mit logischen Blöcken «materialisierte» formale Logik hineinführen. Es gab – auch wenn man dies nicht ohne Weiteres äußerlich belegen kann – besonders veranlagte Kinder, die unbewusst ihre Entwicklung nicht durch eine formal logische Schulung nehmen wollten. Sie flüchteten sich in mathematische Unfähigkeiten. Man erkannte solche Kinder daran, dass sie bei einer inhaltlich sinnvollen Rechenmethodik sofort leistungsbereit und auch leistungsfähig waren. Etwas vom Kampf um das menschliche Denken, um die Intelligenz wurde an einer solchen Stelle sichtbar.[46]

4. Ein Problem, das in Deutschland durch Aussiedler und Gastarbeiter aus nichtdeutschsprachigen Ländern aktuell geworden ist, entsteht durch einen Sprachwechsel. Ich wurde auf dieses Problem zuerst durch ein Kind einer Waldorfschule aufmerksam, das als Kind deutscher Eltern in Südafrika in eine englischsprachige Schule eingeschult wurde. Im zweiten oder dritten Schuljahr kehrte die Familie nach Deutschland zurück. In der Umgangssprache hatte das Kind keine Schwierigkeiten, da Deutsch die Sprache innerhalb der Familie gewesen war. Es hatte aber erhebliche Schwierigkeiten im Rechnen, die im englischsprachigen Unterricht in Südafrika nicht aufgetreten waren. Verfolgt man das Problem an Migrantenkindern weiter, so findet sich eine größere Zahl von Kindern mit unerwarteten Schwierigkeiten im Rechenunterricht.

   Wer Kontakt zu Ausländern hat, wird beobachten, dass sie selbst bei guten Deutschkenntnissen das meiste, was mit Zahlen und Rechenoperationen zu tun hat, weiterhin in der Muttersprache vollziehen: sei es, dass ein Kellner in einem italienischen Restaurant italienisch addiert, sei es, dass ein Engländer leise englisch sprechend eine Telefonnummer wählt. Das Zählen und Rechnen ist in nur geringem Umfang in der Umgangssprache enthalten und wird nicht mit dieser zugleich trainiert. Vielmehr bestimmen die in den ersten Schuljahren aufgenommenen Gewohnheiten in der Regel bis in das hohe Alter die elementaren Rechenfertigkeiten. Erst mit speziellem Training ist hier eine Umstellung einigermaßen sicher zu erreichen. So haben wir mit Studenten für die Aussiedlerkinder zunächst Programme mit einer sprachfreien Mathematik durchgeführt. Die Aufgabenstellungen wurden dazu durch Zeichnungen oder in der allgemeinen Umgangssprache gegeben. Diese durchgeführten Versuche waren erfolgreich. Viele Kinder fassten neuen Mut und konnten ihre Leistungen erheblich verbessern.

Da gerade die Waldorfschulen auch von Kindern ausländischer Eltern besucht werden, sollte darauf ein Augenmerk gerichtet werden. Dies gilt besonders bei der Einschulung in eine höhere als die erste Klasse. Allein die veränderte Wortstellung bei den Zahlwörtern – twenty-one im Englischen und einundzwanzig im Deutschen – darf in ihrer Schwierigkeit nicht unterschätzt werden. Wird im Fremdsprachenunterricht einigermaßen parallel zum Hauptunterricht gerechnet, so können solche Schwierigkeiten aufgegriffen und den Kindern hilfreich zum Bewusstsein gebracht werden.

5. Leider gibt es auch ein für Waldorfschulen spezifisches Verursachen von Rechenschwäche: Das ist das Verharren im Rhythmus. Wie es im Vorangehenden dargestellt wurde, arbeiten wir im Rechnen mit vielfältigen Rhythmen, die wir stampfen, klatschen oder sonst wie zum Ausdruck bringen. Dies kann bei einseitiger Anwendung zu speziellen Schwierigkeiten führen, auf die ich wegen ihrer Aktualität für den Rechenunterricht an Waldorfschulen etwas ausführlicher eingehen will. Mir wurden wiederholt Kinder vorgestellt, die bei sonst normalen Fähigkeiten deutliche Teilleistungsschwächen im Rech-

nen zeigten. Dies wurde vom dritten Schuljahr an unübersehbar. In einem solchen Fall überprüfe ich – worauf noch näher einzugehen sein wird – die motorische Entwicklung. Ist, soweit ich es beurteilen kann, das Kind ohne besondere Auffälligkeiten, so frage ich «Wie viel ist 6 · 7?» und beobachte, wie das Kind sich verhält. Wenn das Kind dann die Siebenerreihe – eventuell sogar mit Hilfe der Finger – aufsagt, bei 6 · 7 anhält und «42!» antwortet, gehe ich von einem didaktischen Fehler aus. Im zweiten oder sogar schon im ersten Schuljahr ist ein Drittel der Kinder darauf gekommen, dass man nicht immer die ganze Zahlenreihe des Einmalsieben aufsagen muss, um zur Lösung zu kommen. Manche Lehrer nehmen diesen Übergang für selbstverständlich, und sie können auch ihren Unterricht insofern als erfolgreich betrachten, als etwa ein Drittel ihn ohne größere Anleitung vollzieht. Ein Kind, das aber immer noch die Zahlenreihe aufsagt, gerät hoffnungslos in Rückstand. Es wird in wenigen Fällen (bei kleinen Multiplikatoren) erfolgreich sein, aber meistens versagen. Dann hört es auf, sich zu melden, da es ja offensichtlich nicht in der vorgegebenen Zeit leisten kann, was der Lehrer verlangt.

Um hier die entstandenen Barrieren zu überwinden, frage ich das Kind: «Welche Mal-Aufgaben kannst du mir gleich sagen?» – «Gar keine, ich kann das nicht!», sagt das Kind. «So wird das nicht sein. Wir wollen sehen, was du sofort sagen kannst. Kannst du mir gleich sagen, wie viel 1 · 7 ist?» – «Ja!» – «Kannst du mir noch eines sagen?» – «Ja, 10 · 7 ist 70.» Meistens können die Kinder noch 11 · 7 = 77, 7 · 7 = 49 und 2 · 7 = 14 sagen. Ich schreibe dann die Einmaleins-Aufgaben der Reihe nach untereinander und unterstreiche, welche Ergebnisse das Kind sofort sagen kann. Dann sage ich: «So, und jetzt merkst du dir einmal: 35 = 5 · 7 (oder 5 · 7 = 35).» Das Kind wird also aufgefordert, ein weiteres Produkt sich zu merken. Dies frage ich unter den anderen Malaufgaben, die das Kind beherrscht, gehäuft ab, bis das Kind Sicherheit erlangt. Das führt dazu – jedenfalls ist mir dies wiederholt passiert –, dass das Kind einen plötzlich anschaut und sagt: «Darf man das einfach so sagen?» Das Kind wurde als Versager angesehen und hat darunter gelitten, weil der Übergang vom *rhythmischen Gedächtnis* zum *Zeitgedächtnis* nicht bewusst und sachgemäß vollzogen wurde. Wie wir schon ausführten, muss der Lehrer gerade im Rechenunterricht sorgfältig den Übergang verfolgen von einer motorischen Aktivität über das rhythmische Sprechen zur Fähigkeit des Kindes, allein zu rechnen und die Rechenoperationen zu beherrschen. Das ist ein Vorgang, der – ich möchte sagen – von den Gliedern und der menschlichen Mitte in den Kopf hinaufgehoben werden muss. Das Kind muss den sicheren Zugriff haben: $7 \cdot 5 = 35$, ohne dass es ein Verslein davor aufsagt. Gelingt es dem Lehrenden, diesen ganzen Vorgang der Kopfgedächtnisbildung aus dem Leib heraus sorgfältig zu handhaben, so hat man ein wunderbares Mittel, um das Verhältnis des Seelisch-Geistigen zum Körperlich-Leiblichen zu gestalten.[47] Das Rechnen führt dann zu der erfrischenden Wachheit und dem sicheren Können, die einen guten Rechenunterricht kennzeichnen.

Alle diese didaktisch verursachten Rechenschwächen haben psychologische Barrieren als Folge. Es liegen also noch nicht im eigentlichen Sinne konstitutionelle Schwächen des Kindes vor. Um die Barrieren zu überwinden, ist eine Einsicht in die Ursachen notwendig; es ist zu empfehlen, die Schwierigkeiten des Kindes didaktisch und psychologisch aufzuarbeiten und es durch ein Anerkennen seiner Leistungen zu bestärken.

Psychisch verursachte Rechenschwächen

Neben den durch eine mangelhafte Didaktik hervorgerufenen Barrieren gibt es die rein psychisch verursachten Schwierigkeiten. Sie rühren meistens vom Verhalten des sozialen Umfeldes her. So gibt es die starke Entmutigung von Kindern durch Betonen des Fehlverhaltens, es gibt den Lern- und Leistungszwang im Elternhaus,[48] und es gibt die Versagensangst, die eine Folge der didaktischen Fehler sein kann. Solche psychischen Schwierigkeiten können zu einer völligen Verkrampfung, ja fast zu einer körperlichen Lähmung führen, wenn Rechenleistungen abgefordert werden.

Ein solcher Fall begegnete mir in folgender Form: Es handelte sich um eine nicht mehr ganz junge Lehrerin, die mehrere Jahre erfolgreich unterrichtet hatte. Als ihr während eines Fortbildungskurses eine Rechenleistung abgefordert wurde, traten alte Ängste auf, die geradezu lähmend wirkten und selbst einfache Aufgaben unlösbar werden ließen. Wie sich im Gespräch schließlich herausstellte, hatte sie als Schülerin einen Methodenwechsel durch eine Umschulung im ersten Schuljahr zu verkraften. Die daraus resultierenden traumatischen Verletzungen waren nicht überwunden. Weiß man einmal von diesen Problemen, so findet man sie häufiger als zunächst vielleicht erwartet. Es ist zu vermuten, dass unter Erwachsenen mehr als ein Viertel mit gewissen traumatischen Verletzungen durch Fehlleistungen im Mathematikunterricht zu finden ist. Mathematik ist wie kaum ein anderes Fach sensibel in Bezug auf Versagenserlebnisse, und daraus resultieren Leistungsverweigerung, Angst und bis in das spätere Leben Blockaden bei mathematischen Leistungsforderungen. Man spricht von *Arithmaphobie.* Sie kann vor allem in der Schule zu einem sehr ernsthaften Problem werden, da das Kind sich nicht wie der Erwachsene den Leistungsforderungen weitgehend entziehen kann. Hilfe ist nach meiner Ansicht nur durch das positive Bestärken von Leistungen möglich.

Da Mathematiklehrer der Oberstufe hier eventuell noch entscheidende Veränderungen für einen Schüler bewirken können, darf ich von einem wichtigen Ratschlag berichten, den der verstorbene Georg Hartmann vor Jahren im Dornacher Waldorflehrer-Seminar gab. Er sagte: «Wenn Sie eine neunte

Klasse als Oberstufenlehrer bekommen, dann hüten Sie sich davor, der Klasse zu zeigen, dass sie nichts kann, sondern zeigen Sie der Klasse, wie viel sie kann! Sprechen Sie mit der Klasse z.B. über die Frage, welches die *einfachste* mathematische Aufgabe ist.» Auf die Frage nach der einfachsten mathematischen Aufgabe antworten die Schüler häufig: $1 + 1 = 2$! Man kann nach einer einfacheren Aufgabe fragen. Dann wird beispielsweise $1 \cdot 1 = 1$ vorgeschlagen. Diese Aufgabe ist in gewisser Hinsicht einfacher, denn es kommt darin nur die Zahl 1 vor. Bei $1 + 1 = 2$ sind schon zwei Zahlbegriffe – nämlich 1 und 2 – zu denken. Gibt es noch eine einfachere Aufgabe? Genannt werden:

$$0 - 0 = 0,\ 0 + 0 = 0,\ 1 - 1 = 0,\ 0 \cdot 1 = 0,\ 0 \cdot 0 = 0 \ldots$$

Als Mathematiker sieht man, wie sich aus dieser Frage nach der einfachsten mathematischen Aufgabe ein ergiebiges Gespräch über die Null und die Eins entwickeln lässt. Fast immer steigen neunte Klassen bei dieser Frage mit großem Engagement ein. Nahezu jeder kann dazu etwas beitragen, und der Mathematiker gewinnt dabei in zweifacher Hinsicht: Erstens kann er die Klasse für die rege Beteiligung loben, und zweitens hat er Gelegenheit, über die neutralen Elemente der Addition und der Multiplikation – eben über Null und Eins – zu sprechen, und das ist ein wichtiger mathematischer Sachverhalt.

Nur hingewiesen werden kann auf das weite Feld von Schülern mit einer sogenannten geistigen Behinderung, die in einzelnen Werken in ihrem Bezug zu Rechenleistungen untersucht wird. Dabei stellt sich heraus, dass unter diesen Kindern mit besonderem Förderbedarf auch hochbegabte Rechenkünstler vorkommen, insbesondere bei Epileptikern. Curt Weinschenk beschreibt eine ganze Reihe solcher Fälle, in denen gerade bei solchen Erkrankungen hohe spezielle Rechenfähigkeiten auftreten. Neben dem zwar älteren, aber brauchbaren Buch *Rechenstörungen* von Curt Weinschenk ist auf das Buch von Hans Grissemann und

Alfons Weber, *Spezielle Rechenstörungen – Ursachen und Therapie*, hinzuweisen. Es ist aus der psychologischen und kinderpsychiatrischen Arbeit entstanden. Eine Auswahl neuerer Literatur zum Thema Rechenschwäche ist in dem entsprechenden Abschnitt des Literaturverzeichnisses angegeben.

Der Ursprung der Mathematik

Als therapeutisch interessierter Lehrer wird man besonders auf konstitutionell bedingte Rechenstörungen achten. Allerdings besteht auf diesem Gebiet ein großer Forschungsbedarf. Bis heute haben wir aber in unseren Einrichtungen nicht die Möglichkeiten, diese Forschungen in dem notwendigen Ausmaß durchzuführen. Es fehlen dazu die Mitarbeiter und die Mittel. Deshalb kann auch hier kaum mehr als ein begriffliches Grundgerüst solcher Forschungen gegeben werden.

Die Grundfrage, die vor aller Forschung und therapeutischen Arbeit an Rechenschwächen zu stellen ist, lautet: *Was ist bzw. worauf beruht mathematisches Können?* Diese Frage hängt wiederum mit der Frage zusammen: *Was ist Mathematik?*

Fragt man nach dem Ursprung der Mathematik, findet man sehr unterschiedliche Antworten. Unter den Grundlagentheoretikern wird häufig die Beziehung zur Logik hergestellt. Mathematik erscheint dann als ein spezieller Teil der Logik. Daneben gibt es andere Ansätze, wie etwa den Konstruktivismus usw.[49] Wie sich an der Reform des Mathematikunterrichtes zeigte, geben diese Ansätze kein tragendes Fundament für die Entwicklung mathematischen Denkens im Kind, auch wenn sie jeweils berechtigte Teilaspekte beschreiben.

Von anderer Seite her hat sich mit der Entwicklung mathematischen Denkens im Heranwachsenden der schon erwähnte Genfer Psychologe Jean Piaget mit seiner genetischen entwicklungspsychologischen Schule intensiv befasst. Es wurde versucht, die Forschungsergebnisse der Entwicklungspsychologie für den Aufbau des Mathematikunterrichtes fruchtbar zu machen. Auch diese Ansätze waren nicht wirklich erfolgreich, und Piaget selbst hat sich davon später deutlich distanziert. Er konnte wohl herausarbeiten, dass abtrennbare Entwicklungsstufen im Denken des Kindes vorhanden sind, konnte aber aus seinem Verständnis, was Mathematik sei, selbst keinen didaktisch verwertbaren Ansatz zur Fähigkeitsentwicklung geben. Ich betone dies, obwohl noch vereinzelt im Grundschulunterricht eine mit Piaget begründete Erstrechendidaktik praktiziert wird.[50] Wichtig an seinen Forschungen scheint mir allerdings für unser Thema zu sein, wie er die Verinnerlichung von Operationen im Zusammenhang mit der Zahlbegriffsbildung und der Rechenfähigkeit sieht.

Andere Hinweise auf den Ursprung der Mathematik gibt auch ein Teil der Arbeiten zur Neuropsychologie, wie sie sich schon bei Alexander R. Luria und seiner Schule finden. Luria erwähnt in seinem Buch *The Working Brain*,[51] dass Körperorientierung und Rechenfähigkeit – für ihn erstaunlicherweise – bei Hirnschädigungen gemeinsam ausfallen.

Durch die modernen bild-erzeugenden Methoden ist die Beziehung zwischen mathematischen Leistungen und motorischen Fähigkeiten nahegelegt – auch wenn gerade in der Hirnforschung vieles noch am Anfang steht.[52]

Diese und auch andere zunächst rätselhafte Koppelungen oder auch Unabhängigkeiten verschiedener Leistungen sind anthroposophisch durch die Sinneslehre Rudolf Steiners gut zu verstehen, wenn man die Rolle der Gleichgewichtswahrnehmung und der Bewegungswahrnehmung im Mathematikunterricht berücksichtigt.

Fasst man, soweit möglich, das Spektrum der neurowissenschaftlichen, neuropsychologischen, entwicklungspsychologischen und logischen Hinweise auf den Inhalt und Ursprung der Mathematik und ihren Zusammenhang mit der menschlichen Konstitution zusammen, so werden die Ausführungen Rudolf

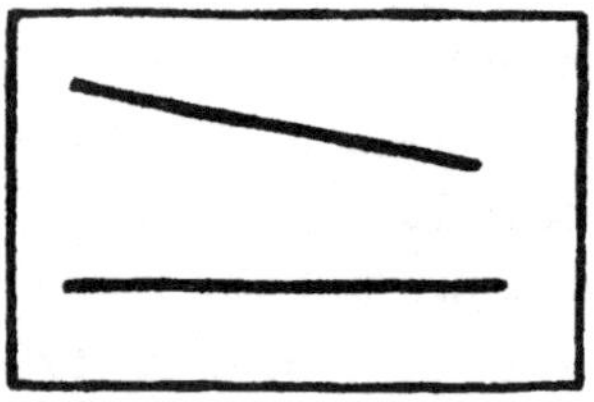

Abb. 23

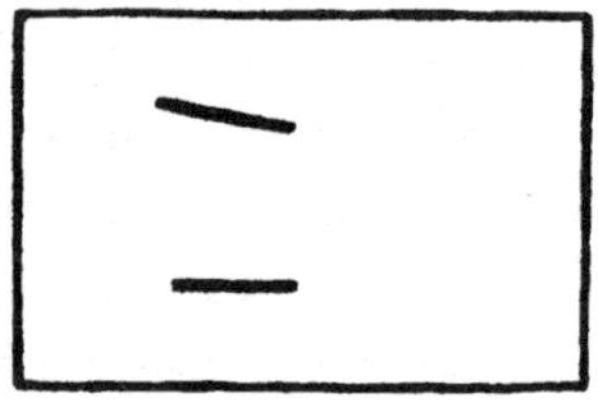

Abb. 24

Steiners zu dieser Frage besonders interessant, und es werden konkrete Arbeitsansätze sowohl für die Didaktik wie für eine heilende Erziehung bei Störungen sichtbar.[53]

Zunächst soll eine These zum Ursprung der Mathematik formuliert werden, die dann zu erläutern ist:

Rechnen beruht auf der verinnerlichten Betätigung des Eigenbewegungssinnes (des kinästhetischen Sinnes).

Zur Erläuterung eine praktische Erfahrung aus einer sechsten Klasse: Als ich an der Rudolf Steiner-Schule in München eine sechste Klasse unterrichtete, zeichnete ich eines Tages an die Tafel zwei «Geraden» und fragte: «Schneiden sich die beiden Geraden?» (Abb. 23) Ein lebhaftes sanguinisches Kind meldete sich und sagte zu meiner Überraschung: «Nein!» Ich hatte kurze Zeit zuvor das Mathematikstudium abgeschlossen und nicht erwartet, dass ein Kind hier mit «Nein» antworten könnte. Es meldete sich aber schon ein zweites. Zu meiner Bestürzung sagte es auch «Nein».

Was tut ein Lehrer in einer solchen etwas prekären Situation? Man sucht mit einer anderen Frage Unterstützung: «Wer meint denn, dass sie sich schneiden?» Ein Mädchen meldete sich und sagte: «Sie schneiden sich!» Da rief der erste Knabe: «Wo denn?» Das Mädchen zeigte neben die Tafel. Der Junge lachte laut und sagte: «Zeichne das mal!»

(Es wäre interessant, von derselben Klasse und denselben Kindern zu berichten, wie sie in der zehnten Klasse über das Unendliche in der Projektiven Geometrie diskutierten. Auch dort war es dieses Mädchen, das für die Klasse den Fortschritt möglich machte.)

Betrachten wir das Problem der sich schneidenden Geraden genauer: Inwiefern haben die Jungen recht, wenn sie behaupten, die Geraden schnitten sich nicht, und inwiefern hatte das Mädchen recht? Schauen wir auf den ganzen Vorgang im Detail: Auf der Tafel werden farbige Flächen wahrgenommen. Es sind die graugrüne Tafelfläche und die weiße Fläche des Kreidestriches. Die schmale helle Kreidefläche veranlasst uns, mit dem Auge eine *Bewegung* durchzuführen. Diese Eigenbewegung des Auges wird vom Eigenbewegungs- und Gleichgewichtssinn kontrolliert. Sie wird durch den Gleichgewichtssinn zugleich in Relation zum eigenen Leib gebracht. Ich vermute, dass bei einer Störung des Gleichgewichtssinnes eine Schnittpunktbestimmung außerhalb der Tafelfläche nicht mehr möglich sein wird. Das Mädchen konnte nun den Schnittpunkt dadurch bestimmen, dass es die von der weißen Kreide angeregte Bewegung selbsttätig fortsetzte und sich dabei von dem Farbeindruck löste.

Selbst wenn nur ein kleines Stück «Gerade» gegeben ist (Abb. 24), ist der Schnittpunkt zu bestimmen. Der Farbsinn gibt uns die farblichen Qualitätsunterschiede. An den Farbgrenzen werden wir zu einer Bewegung stimuliert. Die Wahrnehmung des Eigenbewegungssinnes richtet sich nicht mehr auf die Farbfläche, sondern auf die Eigentätigkeit, die ich motorisch mit meinen Augäpfeln ausführe. Die «mathematische Wahrnehmung» liegt also nicht in der Außenwelt, sondern *im eigenen Organismus*. Deshalb kann der Wahrnehmungsinhalt auch dort verfügbar sein, wo der Farbsinn keinen für die Frage mehr bedeutungsvollen Inhalt gibt (neben der Tafel). Der Unterschied der Kinder lag offensichtlich darin, dass die einen bewusstseinsmäßig stark am Farbsinn (Sehsinn) hingen, das Mädchen aber das reine Bewegungserlebnis bei der Fortsetzung über den Tafelrand hinaus zum Vorstellungsinhalt machen konnte.

Auch wenn für uns der Sehsinn eine herausragende Bedeutung besitzt, so ist er doch für die Vermittlung mathematischer Qualitäten nicht ausschlaggebend. Es muss bei demjenigen, der einen konkreten räumlichen geometrischen Inhalt aufnehmen soll, ein Bewegungsvorgang wachgerufen werden. Wodurch dies geschieht, ist relativ gleichgültig. Drei Jahre lang hatte ich Gelegenheit, eine blinde Schülerin bis zum Abitur zu führen. Es war damals noch sehr viel Geometrie zu behandeln. Die Schülerin bekam alle Figuren von einer Nachbarin in die Handfläche gezeichnet. An dem Tasterlebnis in seiner zeitlichen Abfolge verschaffte sie sich die Vorstellung der Figuren: der Geraden, Kreise, Ellipsen, Hyperbeln, ihrer Schnittpunkte usw.

Der Eigenbewegungssinn, mit dessen Hilfe wir zugleich den mathematischen Inhalt erzeugen und wahrnehmen, braucht also bei der Vermittlung von außen einen oder mehrere Sinne, die auf die Außenwelt gerichtet sind. Für uns Sehende ist das Auge in seiner Doppel- oder sogar Mehrfachfunktion tätig. Das Auge als leibliches Organ ist Träger mehrerer Sinnesfunktionen. Es ist nicht nur das Organ des Farbsinnes, sondern zugleich ein sehr fein kontrolliertes motorisches Organ. Betrachten wir die Hauptorgane unserer Motorik von unten nach oben, so treffen wir u.a. auf die Beine, die Arme, die Sprechwerkzeuge und schließlich auf die Augen. Haben die Beine mit dem dreidimensionalen willentlichen Durchschreiten des Raumes, die Arme mit dem handelnden Ergreifen der räumlichen Umwelt zu tun, so die Augen in ihren motorischen Möglichkeiten der Rotation, der Sehachsenkreuzung und der Akkommodation (Scharfeinstellung) mit dem Raumerkennen.

Mathematik entsteht im Menschen dort, wo die äußere Bewegung eine innere Fortsetzung findet. Die Jungen der erwähnten sechsten Klasse waren als ausgesprochen sanguinische Sinneskinder motorisch hochbegabt, damals aber nicht in gleichem Maße befähigt, von dem äußeren Eindruck abzusehen und rein innerlich Bewegungen auszuführen. Es lag einerseits eine starke

Koppelung an den Sehsinn vor, andererseits eine geringe Neigung, den Leib zur notwendigen Ruhe zu bringen, um auf dem Vorstellungstableau verinnerlichte Bewegungen zu vollziehen. Die Bestimmung des Geradenschnittpunktes neben der Tafel schließt zwar noch an die konkrete räumliche Situation an, muss aber in sie hinein ein nicht mehr äußerlich Gegebenes vorstellen. Die eigentliche mathematische Tätigkeit muss sich auch davon lösen und die Bewegungsvorstellungen unabhängig von einer äußeren Raumlage oder Raumbeziehung verinnerlicht ausführen können.

Tatsächlich ist noch nie eine gezeichnete Kreidegerade eine Gerade im mathematischen Sinn gewesen. Was ist also der «Stoff» der Geometrie? Woraus bestehen die geometrischen Inhalte? Es sind die Willensstrahlen unserer innerlich erzeugten Bewegung, die wir durch den Gleichgewichtssinn ordnen und in Beziehung zu uns setzen. Dies wird durch unser im physischen Leib inkarniertes Ich geleistet. Nur durch diese Ich-Tätigkeit kann ich Leib und Umwelt in ein bewusstes Verhältnis setzen, die dabei geltenden Gesetzmäßigkeiten zur reinen inneren Anschauung bringen und mit dem Denken durchdringen. Wird der Gleichgewichtssinn gestört, so wird das Ich aus der Physis herausgetrieben. Man sagte früher: «Der Himmel fällt über einem zusammen», wenn der Gleichgewichtssinn gestört wurde. Mathematisieren ist in einer solchen Situation zunächst nicht mehr möglich.

Die bisherige Betrachtung über den Ursprung der Mathematik bezog sich zunächst auf die Geometrie. Wie kommt ein Bewusstsein von den Zahlen zustande? Bei der Zahlbegriffsbildung spielt das Urteilen eine etwas andere Rolle als in der Geometrie. Wenn ich etwa sage, dort sitzen *drei* Menschen, dann ist der Vorgang der folgende: Indem ich «dort» sage, umschließe ich und schließe zugleich aus. Ich bilde zunächst die Einheit der Objekte, die ihrer Anzahl nach bestimmt werden sollen. Am Anfang jeder Zahlbestimmung steht also die Bildung einer Einheit (= «Menge» im mathematischen Sinn).

Modern sagt man: Die Mengenbildung geht jeder Zahlbestimmung voraus. Die Menge stellt die Einheit der gezählten Objekte her. Wenn wir also sagen: «Dort sitzen drei Menschen», so umschließen wir durch unser Denken diese Gruppe und schließen zugleich alles andere aus. Daran ist der Lebenssinn ein Stück weit beteiligt, auch wenn die Einheit nur durch einen Begriff bzw. durch ein Urteil hergestellt werden kann. Der Begriff kann sich auf Sinnliches oder selbst wieder auf Begriffe richten. Im ersten Fall bestimmen wir die Anzahl wahrgenommener Objekte; der zweite Fall tritt beispielsweise ein, wenn wir nach der Anzahl der Primzahlen zwischen 1 und 100 fragen. Jede Zahlbestimmung setzt aber, wie gesagt, das begriffliche Denken voraus. Von dem verwendeten Begriff hängt ab, zu welcher Zahl wir gelangen. Fragen wir beispielsweise: «Wie viele Menschen sind in einem Raum?», so erhalten wir eine andere Antwort, als wenn wir fragen: «Wie viele Männer sind dort?» oder «Wie viele Stühle sind dort?» Der Raum, in dem wir uns befinden, umschließt nicht als solcher eine Anzahl, sondern er lässt uns eine Zahl hinsichtlich eines *Begriffes* bestimmen. Haben wir die Einheit der in Betracht kommenden Objekte durch den Begriff gebildet, dann fragen wir nach den *«Individualisierungen»* dieses Begriffes: Wie oft wird der Begriff durch eine Wahrnehmung oder durch andere Begriffe festgehalten?

Wenn ich also einer Gruppe von Menschen gegenüber sage: «Sie sind sieben», so stelle ich durch das «Sie» einen begrifflichen und räumlichen Zusammenhang her, in dem die Einheit durch das Denken geschaffen wird. Indem man mit dem Begriff «Mensch» an die umschlossenen Objekte herantritt, wird dieser Begriff durch jeden einzelnen Menschen individualisiert. Es findet in jedem Fall, wo ein Begriff von der Wahrnehmung festgehalten wird, eine individuelle Ausprägung (die ja nicht im allgemeinen Begriff liegt) statt. Indem man sich aber einer Wahrnehmung zuwendet, übt man eine in der Zeit verlaufende motorische Aktivität im Vorgang des Erfassens aus. Will ich nun auf die Zahl und nicht auf die Eigenart der betroffenen Menschen meine Aufmerksamkeit richten, so muss ich zwar diese Individualisierung des Begriffes vollziehen, mich aber nicht der inhaltlichen Ausprägung, sondern dem Vorgang des Erfassens selbst zuwenden.

Damit das Gemeinte etwas anschaulicher wird, stelle man sich vor, jemand schaue durch ein Fernrohr und wir schauen zu, wie diese Person durch das Fernrohr uns nicht erkennbare Objekte anvisiert, die wir selbst mit bloßem Auge nicht erkennen. Wir können nicht wissen, was der Betreffende beim Blick durch das Rohr sieht. Wir können aber direkt neben uns den Bewegungsvorgang beobachten, den der andere im Erfassen der Objekte ausführt. Der Bewegungsvorgang findet *hier* am Beobachtungsort statt. So können wir an dem Vorgang ablesen, dass die Person z.B. drei verschiedene Objekte anvisiert hat – nicht aber, dass es drei ferne Schiffe auf hoher See waren. Die Schiffe erfahren wir in der Welt, die Zahl an uns selber, indem wir im Erfassen der Dinge motorisch tätig sind.[54]

Die Mathematik wird also an der Eigentätigkeit erfahren. Was ist nun das Besondere daran? Zum Begeisternden an der Mathematik gehört, dass wir aus unserer ureigensten Tätigkeit Weltgesetzlichkeit erfassen können. Wir alle wissen, wie subjektiv Urteile sein können, die etwa an den Geschmack oder Geruch sich anschließen. Sagt jemand: «Hering schmeckt nicht!», so scheint dies auch ein ganz objektives Urteil zu sein. In Wirklichkeit hat sich der Sprechende nur selbst in seiner Beziehung zum Hering charakterisiert. Sagt aber jemand: «Hier liegen drei Heringe», dann gilt – was für eine Weltanschauung, was für Vorlieben oder Abneigungen er auch immer hat – immer die Drei, wenn er nur richtig geurteilt hat, und in der Tat finden über solche Fragen zwischen den verschiedensten Weltanschauungen auch keine Streitigkeiten statt.

Es war auf den Ursprung der Mathematik einzugehen, weil eine rationale Therapie oder auch Diagnostik gegenüber einer

Rechenschwäche gar nicht vorzunehmen ist, wenn nicht der Ort des Entstehens von Mathematik beschrieben wird. Sie muss durch eine verinnerlichte motorische Aktivität durch jeden selbst erzeugt werden. Wer sagt, Mathematik sei allein Abstraktion aus der Sinnesanschauung, versteht zu wenig und kann daraus auch nicht in der Diagnostik oder Therapie einen weiterführenden Ansatz finden – als allenfalls ein immer sich wiederholendes Beibringen nach dem üblichen Verständnis.

Es muss am Beginn einer rationalen Arbeit mit dem Problem der Rechenschwächen auf diese Sinnesprozesse hingewiesen werden, die sich im Kind, aber auch im Erwachsenen abspielen,[55] wobei das Zusammenspiel der nach außen gewandten Sinne – wie dem Farbsinn oder dem Tastsinn – mit den auf den Leib gerichteten Sinnen – wie dem Gleichgewichts- und dem Eigenbewegungssinn – besonders aufmerksam beachtet werden muss.

Die Entwicklung mathematischer Fähigkeiten und konstitutionell bedingte Rechenstörungen

Will man nun bei einem Kind die konstitutionellen Voraussetzungen für eine Entwicklung der mathematischen Fähigkeiten überprüfen, so ist meines Erachtens eine Folge von Schritten – die freilich nicht ganz unabhängig voneinander verlaufen – ins Auge zu fassen.

1. Schritt:
Zunächst ist überhaupt die Sinnesentwicklung und -reifung in ihrer individuellen Struktur zu diagnostizieren. Einzelne Sinne sind schon bei der Geburt relativ weit entwickelt (Geruch, Geschmack), während andere erst allmählich sich ausbilden (Gleichgewichtssinn, Eigenbewegungssinn). Für die Frage nach der Bildung der mathematischen Fähigkeiten spielt die Beobachtung der motorischen Entwicklung eine besondere Rolle.

Da ist einmal der ganze Bereich der Grob- und Feinmotorik zu betrachten. Viel zeigt der Gang eines Kindes. Wie läuft es? Wie setzt es die Füße auf? Wie bewegt es die Arme dabei? In heilpädagogischen Heimen kann man die gesunden von den pflegebedürftigen Kindern oft schon aus dem Bewegungsbild unterscheiden. Sehr rasch äußern sich auch nur leichte Störungen in einem nicht ganz harmonischen Zusammenspiel der einzelnen Bewegungen. Die Ausreifung der menschlichen Bewegungsgestalt scheint außerordentlich empfindlich gegenüber leiblichen oder seelischen Anomalien zu sein. In einfacher Weise kann man das Zusammenspiel der Bewegungen, der *Koordination*, bei einem Kind prüfen, indem man es etwa auffordert, einen Schuh auszuziehen. Das Kind setzt sich im Fall einer motorischen Störung gerne hin, um den Schuh auszuziehen. Man fragt: «Kannst du das auch im Stehen?» Es lehnt sich vielleicht irgendwo an und bemüht sich, den Schuh auszuziehen. Es besitzt viel Übung darin, eine vorhandene Schwäche auszugleichen. Sagt man dann: «Jetzt zieh doch einmal den Schuh aus, ohne dich anzulehnen», kann es passieren, dass das Kind beim Anheben des Beins sofort umfällt. Man bemerkt, dass es tatsächlich fast allein das Bein gehoben hat, ohne die zugehörigen ausgleichenden Bewegungen durchzuführen. Heben *wir* ein Bein, so bewegen wir nicht nur dieses Bein, sondern der ganze Körper ist an dem Vorgang beteiligt. Der ganze Mensch bewegt sich koordiniert. Die Nackenmuskulatur, die Brust- und Rückenmuskulatur, die Bauch- und Fußmuskulatur sind alle aktiv beteiligt. Gehen lernen ist also nicht die Entwicklung der Fähigkeit, ein Bein vor das andere zu setzen, sondern es ist Ausdruck des harmonischen Zusammenspiels in unserem Bewegungsmenschen. Gehen lernen heißt nicht, lernen weiterzukommen, sondern bedeutet die Koordination des ganzen Bewegungsleibes. Es ist dabei die *Einheit des Bewegungsmenschen* herzustellen.

Man findet nun bei manchen rechenschwachen Kindern, dass dieser Bewegungsmensch «zerfällt». Das ist das Erste, woraufhin man ein konstitutionell rechenschwaches Kind betrachten sollte.

Ein anderer nicht unwesentlicher Aspekt der motorischen Reifung kann durch folgende Aufgabe überprüft werden: Man fordert ein Kind auf, auf einen Stuhl zu steigen. Dabei beobachtet man, welche Bewegungen es im übrigen Leib ausführt: Werden die Arme so bewegt, dass ihre Bewegungen das Besteigen des Stuhles unterstützen, oder steht ihre Bewegung in keinem Zusammenhang damit? Man beobachtet weiter die Bewegung des Kopfes oder sogar die Mimik und Fingerhaltung. Vielfach treten bei gestörten Entwicklungsabläufen sogenannte «assoziierte Bewegungen» auf; das sind Bewegungen, die in keinem physikalisch sinnvollen Zusammenspiel mit dem vorgenommenen Bewegungsablauf stehen. – Man sollte allerdings das Auftreten kleiner assoziierter Bewegungen nicht überbewerten. Mancher von uns benötigt zum Einschlagen eines Nagels oder auch zum Fotografieren usw. seine Zunge.

Weiter spielt für die Entwicklung der Rechenfähigkeit, wie sich schon in recht frühen Darstellungen, etwa bei Johnson und Myklebust,[56] findet, das *Beherrschen des Körperschemas* eine wichtige Rolle. In den Waldorfschulen wird im rhythmischen Teil des Hauptunterrichtes vieles in dieser Richtung getan, etwa wenn die Kinder rasch sich am Körper zu orientieren haben, indem sie den rechten kleinen Finger ans linke Ohr, den linken Zeigefinger an die Nasenspitze usw. legen sollen. Manches aus der täglichen Unterrichtspraxis sollte auch in seiner therapeutischen Bedeutung erkannt werden.

Ebenfalls zur Diagnose der motorischen Entwicklung gehört die Beobachtung der *Lateralität.* Friedhelm Schilling zeigt in einer empirischen Studie,[57] wie diffizil tatsächlich eine fundierte Diagnostik auf diesem Gebiet ist. Die Seitigkeit hängt nicht nur in der bekannten Weise vom überprüften Organ (Auge, Ohr, Hand) ab, sondern auch davon, welche Leistungen gefordert werden. Schilling kommt zu einer kontinuierlichen Skala zwischen Rechts- und Linksseitigkeit, wobei aber die spezielle Leistungsanforderung noch zu berücksichtigen ist.

Vieles zu diesem Thema findet sich auch bei Delacato[58], der sich intensiv mit dem Zusammenhang von Legasthenie und motorischer Entwicklung beschäftigte und dabei auch auf die Rolle der Lateralitätsentwicklung stieß. Einzelheiten können hier nicht beschrieben werden. Ich möchte mit diesen Hinweisen nur darauf aufmerksam machen, wie komplex allein das Feld der Lateralität, der Seitigkeitsentwicklung ist. Vom Gesichtspunkt der anthroposophischen Menschenkunde ist davon zu sprechen, wie das Ich den Leib und dann auch die mit dem Zahnwechsel freiwerdenden Lebenskräfte ergreift.

Motorische Auffälligkeiten können interessanterweise auch von Frühintellektualisierungen herrühren. Fast möchte man sagen, dass es dafür eine typische intellektuelle Elternklientel gibt. Zu beobachten sind bei solchen Kindern leichte Verspannungen bis hin zu Verkrampfungen, «Anstößigkeiten» im Raum der Dinge usw. Dabei können aber gerade besondere Zahlfixierungen oder im positiven Fall herausragende Rechenfähigkeiten auftreten. Scheint im ersten Fall die – gleich noch ausführlicher zu besprechende – Verinnerlichung keine ausreichende konstitutionelle Grundlage vorzufinden, so ist im zweiten Fall von vornherein eine starke Fixierung auf den innerlichen Umgang mit Raum- und Zahlvorstellungen zu finden. Im Erwachsenenalter treten gerade bei Mathematikern häufiger motorische Ungeschicklichkeiten auf. Liegt dies vor, so scheint es mir mit der besonders ausgeprägten Hinwendung zum Vorstellungsleben – im Gegensatz zum Wahrnehmungsleben – zusammenzuhängen. Manche Studenten behaupten, sie könnten schon von Weitem Mathematik- von anderen Studenten unterscheiden: Ihre leichte Blässe, der gesenkte Blick, die flachen Schritte und eine häufige Schweigsamkeit seien charakteristisch. Dieser Hinweis – wenn er denn zutreffend ist – darf nicht als Argument gegen die Aussage gestellt werden, dass die mathematischen Fähigkeiten mit einer gesunden motorischen Entwicklung zusammenhängen. Vielmehr weist eine solche Beobachtung darauf hin, dass ein zweiter Schritt in der Entwicklung mathematischer Fähigkeit ins Auge zu fassen ist.

2. Schritt

Mit der Schulreife erreicht das Kind eine neue Entwicklungsstufe, bei welcher derjenige Teil des Bildekräfte, der vor allem mit dem Nervensystem zusammenhängt, von den organischen Prozessen relativ frei wird und dem Seelischen als Grundlage des Vorstellungs- und Gedächtnislebens dient. Dieser Schritt, den wir auch als «Geburt» des Ätherleibes oder der Intelligenz bezeichnen, ist noch nicht der Übergang zum kausalen Denken, wie er deutlich um die Zeit der Vorpubertät – um das elfte, zwölfte Lebensjahr – vollzogen wird. Die Erziehungsaufgabe besteht darin, dafür zu sorgen, dass die Kinder die freiwerdenden Bildekräfte willentlich ergreifen. Piagets Untersuchungen zu dieser Altersstufe zeigen sehr deutlich die Folgen dieser veränderten seelisch-leiblichen Konstitution.[59] Die Stufe der schon genannten «konkreten Operationen», von der er spricht, zeigt, wie das Vorstellungsleben nun gegenüber dem sinnlichen Erleben unabhängiger geführt werden kann: Vorstellungsabläufe können in Fällen umgekehrt werden, die äußerlich gar nicht möglich sind. Man spricht hier von Reversibilität. Verschiedene Wege zum gleichen Ziel können in der Vorstellung erprobt werden usw. Findet das ichhafte Ergreifen der Vorstellungs- und Gedächtniskräfte in diesem Alter nicht richtig statt, so besteht die Gefahr, dass ein rein assoziierendes Denken entwickelt wird und Handlungsschemata ohne eigentliches Verständnis befolgt werden. Dann zieht eine Vorstellung eine andere unkontrolliert nach sich. Im Extrem entzieht sich ein völlig pathologisches, von Assoziation zu Assoziation sich fortbewegendes Vorstellungsleben jeglicher willentlichen Führung. Gerade das Kopfrechnen hat die pädagogische Aufgabe, den Vorstellungsablauf zu ordnen und ichhaft zu durchdringen.

Was von Piaget als «konkrete Operationen» beschrieben wurde, ist der innere Umgang mit Raum- und Bewegungsqualitäten. Man kann also von einer Verinnerlichung der motorischen Sinnesprozesse sprechen. Was für diese motorischen Sinne gilt, wird mit der Schulreife für die verschiedensten Sinne, allerdings individuell verschieden, möglich, nämlich mit Sinnesvorstellungen rein innerlich umzugehen. So können Farb-, Ton-, Geruchs-, Geschmacks- und viele andere Vorstellungen innerlich gehandhabt werden. Wer Koch werden will, muss mit Geschmacks- und Geruchsvorstellungen komponieren können, der Maler muss mit Farbvorstellungen innerlich umgehen, der Musiker mit Tonvorstellungen. So muss der Mathematiker Bewegungs- und Raumlagevorstellungen ganz im Inneren handhaben können. Er darf nicht nur äußere Raum- und Bewegungsabläufe reproduzieren, sondern muss sie aktiv gestalten können.

Will man die bisher genannten zwei Schritte im Anfangsunterricht der Mathematik berücksichtigen, wird man deshalb einerseits immer wieder mit körperlicher Aktivität beginnen und andererseits in jeder Stunde mit Körperruhe und rein inneren Bewegungs- und Zahlvorstellungen enden. Hier hat eine Mathematikdidaktik anzusetzen, die sich an der Entwicklung des Kindes orientiert.

Eine interessante und für das Zahlerfassen wichtige Zwischenstufe zwischen Wahrnehmung und rein innerlichem Bewegungsvorgang liegt im Ertasten des eigenen Leibes. Wird beispielsweise auf den Rücken eine Figur gezeichnet, so liegt einerseits ein unmittelbarer Tasteindruck vor, andererseits muss die Folge der Tasteindrücke durch einen innerlichen Bewegungsvorgang begleitet werden, wenn die Form erkannt werden soll. Ein unmittelbarer leiblicher Mitvollzug der Bewegung ist nicht ohne Weiteres möglich. Interessant wäre es zu prüfen, ob eventuell eine auf den Rücken gezeichnete Form mit feinen Muskelspannungen durch die Augenmuskulatur mitvollzogen wird.

Ebenfalls innerlich verläuft ein Mitvollziehen der Bewegung, wenn Finger oder Zehen ertastet werden müssen und dabei ihre Zahl zu bestimmen ist. Dieses innere Ertasten des Leibes ist nun

Abb. 25 (normal)

Abb. 26 (gestört)

unter Umständen schwer gestört. Es sei ein extremes Beispiel erwähnt: Ein fünfzehnjähriges Mädchen, das die sechste Klasse besuchte, war zu überprüfen. Sie hatte in ihrer Rechenfähigkeit den Stand eines Erstklässlers. Was lag vor? Ich bat das Mädchen, die Hand auf den Tisch zu legen, deckte drei Finger ab und fragte: «Wie viele Finger sind darunter?» Sie sah mich fassungslos an und sagte: «Das weiß ich nicht.» Ich gab die Finger frei, und dann zählte sie mit der anderen Hand ganz von außen: «1,2,3. Drei Finger!»Im nächsten Schritt deckte ich nur zwei Finger ab und fragte wieder nach der Zahl. Sie antwortete wieder: «Das weiß ich nicht.»Ich gab die Finger frei, und sie zählte wieder wie fremde Gegenstände ab: «1,2. Zwei Finger!» Man versuche einmal nachzuempfinden, wie dieses Mädchen seinen Leib von innen ertastete. Offenbar nicht so weit, dass eine innere Vorstellung daran gebildet werden konnte. Es war, als wenn ihre Hände umwickelt wären.[60] Interessant ist, dass solche Kinder mit «Fingeragnosie» häufig Strichmännchen so zeichnen, dass am Ende das Aufspreizen in die Finger fehlt (vgl. Abb. 25 und Abb. 26).

Wir können in gemilderter Form die Fingeragnosie an unseren Zehen nachvollziehen. Sollten wir Zahlen an den Zehen bestimmen, so würden wir manche Fehler machen. Insbesondere der dritte und der vierte Zeh sind von vielen Menschen schwer zu unterscheiden.

Beim einfachen Fingertest prüft man einerseits, ob ein Kind die einzelnen Finger benennen kann, die berührt werden, andererseits fordert man es auf, aktiv einen genannten Finger zu bewegen. Die Wahrnehmungsfähigkeit an Fingern und Zehen kann schon sehr früh beim «Finger- und Zehenraten» geübt werden. Dadurch wird das Kind wach für seine eigene Peripherie. Es wird dort wach, wo der Organismus sich selber in die Vielfalt gliedert. Ist es nicht wunderbar zu verfolgen, wie der *eine* Oberarmknochen sich in die Zweiheit von Elle und Speiche, dann in die Handwurzelknochen usw. immer mehr in die Vielzahl aufgliedert? Der schon erwähnte Aufsatz von Ernst-Michael Kranich[61] über die Bedeutung des inneren Ertastens des Leibes für das Rechnen enthält hierzu Wichtiges. Manches, was hier nur angedeutet werden konnte, ist dort wenigstens in einigen Aspekten genauer ausgeführt.

Zum Thema der Zahlbestimmung durch innerliche Bewegungsvorgänge an unmittelbaren Eindrücken anderer Sinne gehört noch ein Übungsfeld, das gerade für rechenschwache Kinder von Bedeutung sein kann. Wir nannten es im Vorangehenden *Zahlenraten.* Jedes Kind hat seine individuelle Sinnesstruktur. So wie eine Kastanienpflanze aus dem Boden anderes aufnimmt als eine Eiche, so nimmt auch der Mensch mit seinem Sinnesorganismus aus der Welt die Eindrücke in unterschiedlicher Gewichtung auf. Optisch orientierte Kinder z.B. erleben die Welt anders als akustisch orientierte. Soll von außen eine Zahlvorstellung oder Zahlbestimmung angeregt werden, so muss man sich zunächst natürlich an einen der nach außen gewandten Sinne wenden. Die aufgenommenen Sinneseindrücke sind dann durch den innerlichen Eigenbewegungssinn der Zahl nach zu bestimmen. Das ergibt vielfältige Übungsmöglichkeiten für die unterschiedlichen Kinder. In speziellen Fällen wird man überhaupt erst das Kind für Zahlaspekte interessieren können, wenn es über geeignete Außensinne angesprochen wird. Man kann also optisch, akustisch, taktil – durch den Tastsinn, aber auch durch Wärme- oder Geschmackseindrücke – Zahlbestimmungen vornehmen lassen.

Diese und andere Übungen verbinden den ersten und den zweiten Schritt in der Ausbildung mathematischer Fähigkeiten: Es werden unmittelbare Sinneseindrücke durch innere Bewegungsvorstellungen begleitet, und daran wird die Zahl gewonnen. Eindrucksvoll ist es, wie die Kinder sich bei solchen Übungen einerseits der Wahrnehmung zuwenden, andererseits mit starker Konzentration um die innere Zusammenfassung der vielfältigen Eindrücke bemühen. Wahrnehmung und Vorstellungsbildung werden hierbei ständig konzentriert geübt (siehe auch Anhang 1).

Zum inneren Umgang mit Sinnesvorstellungen, wie er mit der Schulreife zunehmend möglich wird, gehört noch ein wesentlicher Vorgang, der meines Wissens bisher wenig beachtet wurde: Die Verinnerlichung der Sinnestätigkeiten macht auch den ichhaft-intentionalen Zugriff auf eine einzelne Sinnesqualität möglich. Indem wir der Welt unmittelbar gegenüberstehen, spricht sie immer zugleich zu einer Vielzahl von Sinnen. Dabei können im Einzelfall spezielle Sinnesqualitäten im Vordergrund stehen, andere mehr unbewusst bleiben. Sehen wir beispielsweise am Nachthimmel einen Stern leuchten, so haben wir eine Helligkeits- und Farbwahrnehmung. Diese steht im Vordergrund. Relativ unbewusst bleibt dabei die Beziehung, die wir durch den Gleichgewichtssinn zu unserer eigenen Raumlage herstellen: Wir sehen etwa den Stern rechts oben vorn. Zum intentionalen ichhaften Beherrschen der Sinnessphäre gehört nun, dass wir uns nach Belieben wahlweise auf den Farben- und Helligkeitseindruck oder auf die Raumlage konzentrieren können. Das an der Abbildung 23 (S. 102) demonstrierte Beispiel mit den beiden Geraden hat bei den Jungen die noch schwach entwickelte Fähigkeit gezeigt, Bewegungs- und Raumlagequalitäten von Farbeindrücken zu lösen, während das Mädchen diese Trennung schon deutlich vornehmen konnte.

Zur vollständigen Reife des verinnerlichten Umgangs mit Sinnesqualitäten gehört auch die Fähigkeit zur Ausgrenzung, zur *Desintegration* einzelner Sinne. Im normalen Falle dauert es etwa bis zum zwölften Lebensjahr, bis beispielsweise Form- und Raumlage-Vorstellungen voneinander getrennt gehandhabt werden können. Die Kongruenzsätze der elementaren Geometrie setzen das Formerfassen unabhängig von der Raumlage voraus. Ist diese Trennung noch nicht vollziehbar, so hat die Behandlung solcher elementarer Sätze noch wenig Sinn. Eine ausführlichere Darstellung der Sinnestätigkeiten in der Geometrie findet sich an anderer Stelle.[62]

3. Schritt

Sind durch eine gesunde motorische Reifung und ein willentliches Handhaben-Können innerer Bewegungs-, Raumlage- und Zahlvorstellungen die konstitutionellen Voraussetzungen für das Mathematisieren gegeben, so können durch das *begriffliche Denken Beziehungen zwischen den Objekten erkannt und ausgesprochen werden.* Damit entsteht die eigentliche Mathematik, die ja nicht nur spezielle begrifflich definierte Objekte darstellt und beschreibt, sondern sie in Beziehung setzt, allgemeine Gesetze formuliert und deren logische Abhängigkeit untersucht. Für den Mathematiker steht gerade diese Tätigkeit im Vordergrund. Sie ist hier nicht weiter auszuführen, da das Definieren von Objekten, das Beschreiben ihrer Beziehungen und deren logischer Abhängigkeiten und das Anwenden auf spezielle Situationen gewöhnlich den Inhalt unserer mathematischen Bildung ausmacht.

Damit sind drei Hauptstufen der Entwicklung mathematischer Fähigkeit angedeutet:

- die auf den physischen Leib gerichtete Sinnesschulung und Sinneskoordination
- der Umgang, das seelische Handhaben innerer Sinnestätigkeiten und Vorstellungsbilder
- das geistige Erfassen objektiver Gesetzmäßigkeiten.

Auf jeder Stufe sind Fehlentwicklungen oder Retardierungen möglich. Der aufgezeigte begriffliche Rahmen erlaubt, unterschiedliche Ursachen zu erkennen und aus dieser Erkenntnis therapeutische Maßnahmen herzuleiten.

Die wichtigsten Beobachtungsrichtungen und Übungen sollen noch einmal knapp zusammengestellt werden. Nehmen wir an, es sind Leistungs- oder Teilleistungsschwächen festgestellt worden. Methodische und psychologische Barrieren seien ausgeschlossen. Dann ist eine Prüfung der motorischen Entwicklung anzuraten. Dazu gehören Einblick in

- die motorische Entwicklung nach Grob- und Feinmotorik
- die Ausbildung der Koordination von Bewegungen, die zu einem geregelten Bewegungsablauf notwendig sind
- das Achten auf sogenannte assoziierte Bewegungen, die für den intendierten Bewegungsablauf unwesentlich sind
- die Beherrschung des Körper- und Fingerschemas
- den Zustand der Seitigkeitsentwicklung (Lateralität)
- vorhandene Spasmen und ähnliche Beeinträchtigungen.

Im nächsten Schritt ist zu prüfen, wieweit eine Verinnerlichung der Sinnesprozesse und -vorstellungen erfolgt ist. Je nach Alter können unterschiedliche Leistungen als normal erwartet werden, wie z.B.:

- Werden Figuren als gleich in verschiedener Lage erkannt?
- Ist die Zahlvorstellung von einer äußerlich erscheinenden Quantität gelöst?
- Können Zahlen unabhängig von einer visuellen oder sonstigen sinnlichen Vorstellung gehandhabt werden?
- Liegen besondere Sinneskoppelungen vor?

Kurz: Es ist die innere Beweglichkeit im Umgang mit Formen und Zahlen zu überprüfen.

Der Übergang zu den Rechenoperationen, in denen Zahlbeziehungen ausgesprochen werden, ist der Anfang einer eigentlich geistigen mathematischen Tätigkeit. Hier ist zu prüfen, wo ein Kind gegebenenfalls die notwendigen inneren Aktivitäten nicht vollziehen kann, wo also das Vorstellen zu anschauungsgebunden bleibt und so weiter.

Beide Aspekte – der körperlichen und der seelischen Beweglichkeit – liefern unmittelbar konstitutionelle Therapieansätze, wobei der Blick sowohl auf die Koordination wie auf die beschriebene intentionale (willentliche) Trennung der Sinnestätigkeiten zu richten ist. Ist eine gesunde Entwicklung erfolgt oder hat die Therapie ungeordnete Verhältnisse ordnen können, dann kann auch die geistige Tätigkeit die in innerer Anschauung handhabbaren Inhalte durchdringen und ordnen.

Materialien im Mathematikunterricht. Zum Zusammenhang von Mathematikunterricht und Gesundheit

Zum Schluss wollen wir uns noch der Frage nach der Verwendung von Materialien im Mathematikunterricht unter einem speziellen Aspekt zuwenden.

Gerade in der heilenden Erziehung ist oft zu beobachten, dass in dem Bemühen, Kindern die mathematischen Inhalte in irgendeiner Form nahezubringen, eine starke Versinnlichung und Materialisierung stattfindet. Stärker noch als in der modernen Mathematikdidaktik, die mit logischen Blöcken, mit Cuisinaire-Stäbchen und vielen anderen Anschauungshilfen eine sinnlich gebundene Mathematik betreibt, hat die Sonderpädagogik immer schon stark die Zuflucht zu einer materiell operationalisierenden Methodik gesucht.

Diesem Ansatz seien einige Sätze Rudolf Steiners aus dem zweiten Vortrag des Zyklus *Welt, Erde und Mensch*[63] gegenübergestellt, in denen er über den Zusammenhang des Mathematikunterrichtes mit den Heilkräften im Menschen spricht:

«In diesem Sich-Hinaufheben zum Geistigen war in alten Zeiten ein gesundendes Element, und es wäre gut, wenn die Menschen so etwas wieder verstehen lernten, denn dann würden sie auch die große Mission der anthroposophischen Bewegung verstehen lernen. Was ist sie denn anderes, diese Mission, als den Menschen hinaufzuführen in die geistigen Welten, dass er wieder hineinschauen kann in die Welten, aus denen er heruntergestiegen ist! Zwar wird in zukünftigen Zeiten kein somnambuler Schlaf über die Menschen verhängt werden, das Selbstbewusstsein wird voll aufrechterhalten bleiben, aber dennoch wird die starke spirituelle Kraft wirksam werden in der Menschennatur, und dann wird der Besitz von Weisheit und Einsicht in die höheren Welten wiederum etwas sein, was ordnend und gesundend auf die Menschennatur einwirken kann. Heute liegt dieser Zusammenhang des Geistigen mit dem Heilenden so verborgen, dass die Menschen, die nicht in irgendeiner Weise in die tiefere Mysterienweisheit eingeweiht sind, nicht viel davon wissen; sie können eben die feinen Tatsachen, die vorliegen, gar nicht beobachten. Wer aber tiefer hineinschauen kann, der weiß, von welchen tief innerlichen Bedingungen eine Heilung abhängen kann. Nehmen wir zum Beispiel an, ein Mensch wird von einer gewissen Krankheit befallen, von einer Krankheit, die innere Ursachen hat, nicht also etwa Schenkelbruch oder verdorbener Magen, denn dabei handelt es sich um äußere Ursachen. Jeder, der tiefer in diese Dinge eindringen will, wird sehr bald einsehen, dass bei einem Menschen, der sich viel und gern mit mathematischen Vorstellungen beschäftigt, ganz andere Bedingungen der Heilung vorhanden sind als bei einem anderen, der sich nicht damit beschäftigen mag. Das ist eine Tatsache, die Sie darauf hinweist, welch ein merkwürdiger Zusammenhang besteht zwischen dem geistigen Leben eines Menschen und dem, was die Bedingungen seiner äußeren Gesundheit sind. Natürlich ist das nicht so, als ob das mathematische Denken den Menschen heilte. Wir müssen das genauer erfassen: Andere Bedingungen der Heilung sind notwendig bei einem Menschen, der mathematische Vorstellungen aufnehmen kann, als bei einem, der es nicht tut. Setzen wir den Fall, zwei Menschen seien von der ganz gleichen Krankheit befallen. In Wirklichkeit kommt das ja nicht vor, aber als Hypothese können wir es ja hinstellen. Der eine will nichts wissen von mathematischen Vorstellungen, der andere beschäftigt sich intensiv damit. Es könnte dann der Fall eintreten, dass es ganz unmöglich wäre, den Nichtmathematiker gesund zu machen, während Sie den anderen mit den entsprechenden Mitteln heilen können. Das ist ein ganz realer Fall.

Ein anderes Beispiel: Es liegen wieder ganz andere Gesundheitsbedingungen vor bei zwei Menschen, von denen der eine ein Atheist im schlimmsten Sinne und der andere ein tief religiös veranlagter Mensch ist. Wieder kann es geschehen, dass, wenn beide von derselben Krankheit befallen werden, Sie mit denselben Heilmitteln den religiösen gesund machen und den andern nicht. Das sind Zusammenhänge, die dem heutigen Denken – wenigstens bei dem größten Teil der Menschheit – geradezu absurd erscheinen. Und dennoch verhält es sich so.

Woher kommt das? Das beruht darauf, dass ein ganz anderer Einfluss auf die menschliche Natur ausgeübt wird von den sogenannten sinnlichkeitsfreien als von den sinnlichkeitserfüllten Vorstellungen. Denken Sie sich einmal den Unterschied zwischen einem Menschen, der die Mathematik hasst, und einem, der sie liebt. Der eine sagt: Das alles soll ich mir denken? Ich will aber nur das haben, was ich äußerlich mit meinen Sinnen anschauen kann! – Es ist jedoch für das innerste Wesen des Menschen von großem Nutzen, in Vorstellungen zu leben, die man nicht anschauen kann; und ebenso ist es nützlich, in religiösen Vorstellungen zu leben, denn auch diese beziehen sich auf Dinge, die man eben nicht mit Händen greifen kann, die sich nicht auf Äußeres, Materielles beziehen, die mit einem Wort sinnlichkeitsfrei sind. Das sind Dinge, die einst, wenn man wieder mehr auf das Spirituelle sehen wird, einen großen Einfluss auf pädagogische Prinzipien haben werden. Nehmen wir zum Beispiel die einfache Vorstellung: drei mal drei ist neun. Am besten bilden sich die Kinder eine solche Vorstellung, wenn es sinnlichkeitsfrei geschieht. Es ist nicht gut, wenn sie zu lange dreimal drei Bohnen nebeneinander legen, denn dann kommen sie gar nicht über die sinnliche Vorstellung hinaus. Wenn Sie aber Kinder daran gewöhnen, vielleicht zuerst, aber nicht zu lange, an den Fingern abzuzählen, dann es aber mit dem reinen Denken mathematisch zu verfolgen, dann wirkt diese Vorstellung gesundend und ordnend auf die Kinder. Wie wenig die jetzige Zeit von solchen Dingen versteht, das sehen wir daran, dass gerade in der Pädagogik das Gegenteil geschieht. Ist nicht in unsere Schulen die Rechenmaschine eingezogen, wo an allerlei Kugeln die Addition, Subtraktion und so weiter für das sinnliche Auge klargemacht werden soll? Das, was bloß im Geiste erfasst werden sollte, will man, wie man sagt, auf diese Weise sinnlich veranschaulichen. Das mag bequem sein, aber wer das für pädagogisch hält, weiß nichts von jener tieferen Heilpädagogik, die in der Kraft des Geistigen wurzelt. Einen Menschen, den Sie von Kindheit auf daran gewöhnt haben, in sinnlichen Vorstellungen zu leben, werden Sie, weil sein Nervensystem unter krankhaften Bedingungen lebt, nicht so leicht heilen können wie denjenigen, der von seiner Jugend auf an sinnlichkeitsfreie Vorstellungen gewöhnt ist. Je mehr Sie den Menschen daran gewöhnen, abgesehen von den Dingen zu denken, desto leichter wird es sein, ihn zu heilen. Daher war es unter den alten Traditionen immer üblich, allerlei symbolische Figuren, Dreiecke, Zahlenkombinationen zu geben; das hatte den Zweck, neben dem übrigen Wert, den diese Dinge hatten, den Menschen zu erheben von dem bloßen Anschauen dessen, was aufgezeichnet ist. Wenn ich ein Dreieck vor mich hinstelle und es bloß anschaue, so hat das keinen besonderen Wert. Wenn ich dagegen in ihm die Symbolisierung der höheren Dreiheit des Menschen erfasse, so ist das eine für den Geist gesundende Vorstellung.»

Diese Sätze können demjenigen, der aus anthroposophischer Menschenkunde unterrichten will, nachzudenken geben. Sollten wir nicht auch bei dem mit Schwierigkeiten behafteten Kind alles nur Mögliche versuchen, den gezeichneten dreistufigen Weg von der Leib-Sinnes-Schulung über die Verinnerlichung der Sinnestätigkeiten und -vorstellungen zum nicht mehr von außen gegebenen geistigen Inhalt zu gehen? Mathematik, pädagogisch in ihrem tiefsten Sinne erfasst, ist die Erziehung zum Geist. Wie kein anderes Fach kann sie dem jungen Menschen die Gewissheit geben, dass in seinem Inneren, hervorgehend aus seiner ureigensten Tätigkeit, ein objektiver Weltinhalt gewonnen werden kann, der uns niemals passiv von außen zukommt wie etwa eine Farbe oder ein Klang. Dieser Inhalt ist klar umrissen und erweist sich im Erfassen der Gesetzmäßigkeiten der äußeren Welt als ein weitreichendes Werkzeug. Das rein innerlich Gewonnene ermöglicht uns die Verbindung mit den objektiven Gesetzen der Welt. Der bedeutende anthroposophische Mathematiker Louis Locher-Ernst sprach von der Mathematik als einer «Vorschule zur Geisterkenntnis».[64] Auch wo wir heilend und fördernd in die mit Schwächen behaftete Konstitution eines Kindes einwirken, sollten wir dieses große Ziel nie aus den Augen verlieren, dass Geistsein im Erdensein aufleuchte!

Anhänge

Anhang 1: Anmerkungen zum Thema Neurowissenschaften und Mathematik

Es dürfte für eine unbefangene Beobachtung deutlich sein, dass eine rein physiologische Untersuchung des Gehirns aus physikalischen, chemischen und biologischen Tatsachen keine Aussagen über psychische Tätigkeiten machen kann. Wären einem Menschen alle Teile des Gehirns und alle Vorgänge völlig überschaubar, so hätten sie doch noch keine Bedeutung für ein Verständnis von ihrer Bedeutung für den Menschen.

Die modernen Neurowissenschaften zeichnen sich gerade dadurch aus, dass sie psychische Leistungen und physiologische Prozesse im Gehirn in Beziehung setzen. Das erfordert sowohl im Design von Forschungshypothesen wie in der Kommunikation mit den Versuchspersonen eine Sprache, die an seelischer Beobachtung orientiert ist. Niemand könnte wissen, was Rechnen bedeutet, wenn er nur Nervenprozesse vorgelegt bekäme.

Das Design von Tests erfordert, dass spezifische Leistungen durch die Testaufgaben möglichst scharf abgegrenzt werden. Schreibe ich beispielsweise einem Probanden mathematische Aufgaben auf eine Tafel, lasse sie vorlesen und frage nach der Lösung, so wird das Erkennen von Farben, Formen, Raumlage, Sprachverständnis, Lesefähigkeit und mathematisches Denken – welcher Art auch immer – gefordert. Das Gehirn wird in entsprechend vielen Regionen im Vergleich zum «Ruhezustand» eine erhöhte Aktivität zeigen. Daher ist häufig vom Experimentator ein Versuchsdesign angestrebt, das psychische Aktivitäten möglichst weitgehend isoliert.

Neben der präzisen Beobachtung der Gehirnaktivitäten mit

den verschiedenen bildgebenden Verfahren kommt es also wesentlich darauf an, die psychischen Aktivitäten so weit wie möglich zu trennen. Das erfordert aber eine möglichst genaue Kenntnis psychischer Leistungen. Diese zu bestimmen ist keine triviale Aufgabe, da ein Teil der Aktivitäten weitgehend unbewusst verläuft.

Hier kann eine durch Anthroposophie geschulte psychische Beobachtungsfähigkeit helfend einsetzen.[65] Das Studium der zwölf Sinne (s. S. 130), die heute schon eine umfangreiche – auch kontroverse – Folgeliteratur hervorgerufen hat,[66] macht auf psychische Aktivitäten in einer Differenzierung aufmerksam, die sonst nicht immer anzutreffen ist. Als Beispiel kann man an die Beobachtung eines Sterns denken. Welche Sinne werden dabei angesprochen? Zunächst der Farbsinn einschließlich der Hell-Dunkel-Wahrnehmung, dann aber auch der Gleichgewichtssinn, der die Lage des gesehenen Sterns im Verhältnis zur eigenen Körperlage bestimmt. Hinzu muss der Eigenbewegungssinn kommen, ohne den die Hinwendung zu einem Objekt nicht möglich ist. Schließlich wirkt der Sprachsinn hinein, in dem ein Wort wie Stern oder Jupiter mit der Wahrnehmung als Bezeichnung verbunden wird. Schließlich ist es ein Urteilsprozess, der die verschiedenen Wahrnehmungsaspekte zusammenschließt.

Im Hinblick auf die Mathematik werden häufig visuelle Eindrücke dem Probanden angeboten, aus denen er z.B. eine Anzahl zu bestimmen hat. Natürlich lassen sich Zahlen auch auf andere als visuelle Eindrücke anwenden. Zu denken ist an Klangeindrücke, Wörter, Tasteindrücke usw., ja, selbst die Zahl der Gedanken in einem Absatz lassen sich zählen. Gibt es eine physiologische Konstante, die charakteristisch für jeden Umgang mit Zahlen ist, auch wenn der primär verwendete Sinn wechselt?

Nach heutiger Auffassung ist allerdings *nicht* ein eng begrenztes Gehirnareal für eine mathematische Aktivität charakteristisch. Das entspricht der Vielfältigkeit mathematischen Tuns.

Insgesamt steht die Hirnforschung mit Bezug auf die Entwicklung des Kindes und die Wirkungen von Erziehung trotz erster Erfolge noch am Anfang. Wichtig erscheint mir der grundlegende Impuls, seelische Aktivitäten in ihrer Beziehung zu leiblichen Vorgängen zu studieren. Damit werden physiologische Aspekte des Lernens bewusst: Der Lehrer kann nach entsprechender Ausbildung heilend in die Konstitution der Kinder eingreifen und, wenn die Wirkungen pädagogischen Handelns – über die klassischen Nennungen von Haltungsschäden, sozialer Entwicklung usw. hinaus – deutlich genug geworden sind, seinen Beruf unter manchen Aspekten neu sehen.

In der Waldorfpädagogik sind solche Aspekte vielfältig benannt und in einer wirklich auf ihren Grundlagen aufbauenden Arbeit verwendet worden.[67] Mit der Betonung der Gehirnvorgänge besteht allerdings aus anthroposophischer Sicht eine Einseitigkeit, die künftig noch zu überwinden sein wird: Der Reichtum seelischen Lebens kann nicht nur in Beziehung zum Nervensystem, insbesondere nicht nur zum Gehirn, betrachtet werden. Die Beziehung emotionaler Vorgänge zu den rhythmischen Prozessen (Herzschlag, Lungenrhythmus und anderes mehr) und von Willensprozessen zum Stoffwechsel-Gliedmaßen-System wurde von Rudolf Steiner vielfältig dargestellt und lässt letztlich den gesamten menschlichen Leib als Ausdruck von Seele und Geist verstehen.[68] Die folgende Ausdrucksweise ist zwar ungewöhnlich, aber vielleicht aus dem Angedeuteten verständlich: Der Erzieher wirkt an der Struktur des kindlichen Leibes tätig mit, indem er das Ich des Kindes zu Tätigkeiten aufruft, die in ihm nach individueller Veranlagung eine Resonanz finden – oder auch nicht. Erziehung ist nie für den Erzogenen ein passiver Gestaltungsvorgang. Vielmehr ist jede Erziehung von den frühesten Imitationen an Selbsterziehung, die mehr oder weniger bewusst von der jeweiligen Individualität gestaltet wird. Die Erziehenden dürfen dadurch teilnehmen, dass sie Anregungen geben und – wenn notwendig – durch Korrekturen veränderte Aktivitäten wachzurufen versuchen.

Ich füge noch eine Liste der von Steiner benannten Sinne an und verweise im Übrigen auf das Literaturverzeichnis. Eine wichtige Verdeutlichung der Beschreibung menschlicher Sinne findet sich unter anderem in der Dissertation von H. J. Scheuerle: *Die Gesamtsinnesorganisation*.[69]
Die zwölf Sinne des Menschen in der Darstellung Rudolf Steiners:

Obere Sinne:
1. Ich-Sinn (Wahrnehmungsfähigkeit für ein Gegenüber als Mensch – und z.B. nicht als Wachsfigur)
2. Gedankensinn (erlaubt aus Sprache, Bewegung und anderem die Bedeutung oder den Sinn zu erfassen)
3. Wortsinn (erfasst in Tonfall, Mimik, Gestik die seelische Zuständlichkeit des anderen)
4. Hörsinn (auditives System – differenziert nach Lauterfassen, musikalischem Hören und Geräuschwahrnehmung)

Mittlere Sinne:
5. Wärmesinn
6. Sehsinn (visuelles System – differenziert nach Farb- und Hell-Dunkel-Wahrnehmung)
7. Geschmackssinn (gustatorisches System)
8. Geruchssinn (olfaktorisches System)

Untere Sinne:
9. Gleichgewichtssinn (vestibuläres System)
10. Eigenbewegungssinn (kinästhetischer Sinn)
11. Lebenssinn (Wahrnehmungsfähigkeit für die Zuständlichkeit des Leibes – Hunger, Fieber, Schmerz und anderes mehr)
12. Tastsinn (taktiles / haptisches System)

Die genannten «oberen Sinne» – insbesondere der Ich-Sinn, der Gedankensinn und der Wort- oder Sprachsinn – gelangen bei den sogenannten Aphasien in den Blick, während die unteren Sinne bei den Apraxien – oft in Verbindung mit oberen Sinnen – eine besondere Rolle spielen.

Wichtig ist es auch, die Sinnesfunktionen *nicht* mit den Sinnesorganen zu identifizieren. So ist der Augapfel zwar ein Sinnesorgan, trägt aber eine Reihe von Sinnesfunktionen, wie den Schmerzsinn (Lebenssinn), den Eigenbewegungssinn, Wärmesinn, Tastsinn und Sehsinn. Zu beachten ist dabei zusätzlich, dass jeder Sinn mehrere Komponenten besitzt, wie z.B. das Hören uns auf der ersten Stufe Lautstärke, Klangfarbe und Tonhöhe unterscheiden lässt.

Anhang 2: Drei Rechenspiele

Ein Zahlenspiel für die 1. Klasse

(Von Ernst Bühler)

Die Kinder stellen sich auf und zählen durch.

Alle:
Wir sind die erste Klasse, wir spielen das Zahlenspiel.

Kathrin *tritt vor:*
Ich bin die Eins, ich bin das Ganze, in mir ist alles drin, ich bin rund und schön.

Thomas und Harald *treten vor:*
Wir sind die Zwei, wir sind mehr als du, wir sind zwei Freunde.

Alle:
Ja, ihr seid zwei Freunde, aber nur ein Paar.

Iris, Matthias und Benjamin *treten vor:*
Wir sind die Drei, wir sind mehr als ihr, wir sind Vater, Mutter und Kind.

Alle:
Ja, ihr seid drei, aber nur eine Familie.

Anne, Florian, Sonja und Kolja *treten vor:*
Wir sind die vier Winde, wir sind mehr als ihr.

Rot: Ich bin der Nordwind.
Blau: Ich bin der Ostwind.
Grün: Ich bin der Südwind.
Gelb: Ich bin der Westwind.

Alle:
Ja, ihr seid vier Winde, aber nur aus einer Luft.

Michaela, Ethel, Lucia, Yasmin und Judith *treten vor:*
Wir sind die Rose, wir sind mehr als ihr: eins, zwei, drei, vier, fünf, wir haben fünf Blätter.

Alle:
Ja, ihr seid fünf Rosenblätter, aber nur eine Rose.

Christoph, Martin, Kevin, Udo, Marcus und Bernhard *treten vor:*
Wir sind die sechs Seiten des Kristalls, wir sind mehr als ihr: eins, zwei, drei, vier, fünf, sechs.

Alle:
Ja, ihr seid sechs Seiten des Kristalls, aber nur ein Kristall.

Carmen, Johanna, Nicole, Raphael, Jessica, Larissa und Birgit *treten vor:*
Wir sind die sieben Tage der Woche, wir sind mehr als ihr.
Montag, Dienstag, Mittwoch, Donnerstag, Freitag, Samstag, Sonntag.
Der Montag schüttelt seinen Kopf
und ist ein rechter Sauertopf.
Der Dienstag ist ein starker Held
und singt sich mutig durch die Welt.
Der Mittwoch kommt mit flinkem Schritt
und nimmt uns Kinder alle mit.
Der Donnerstag, der neigt sein Ohr,

und jedes sagt sein Sprüchlein vor.
Der Freitag bindet einen Kranz
und holt die Braut zum Hochzeitstanz.
Der Samstag läutet uns zur Ruh
und schließt das Wochenhäuschen zu.
Der Sonntag ist der Sonnensohn,
der trägt die goldne Königskron.

Alle:
Ja, ihr seid sieben Tage, aber nur eine Woche.

Daniel *tritt vor:*
Ich bin die Null, die große Zauberin. Wen ich berühre, der verwandelt sich:
10 20 30 40 50 60 70.

Alle:
Ihr lieben Gäste groß und klein,
ihr sahet unser Zahlenspiel,
es fehlten zwar die Acht und Neun,
wir dachten uns, das macht nicht viel.
Wir zählen lustig, flink und munter,
vor und zurück, mal rauf, mal runter
2 4 6 8 10 12 14 16 18 20
3 6 9 12 15 18 21 24 27 30.

Ein Rechenspiel für die 1. Klasse

(Von Ernst Schuberth)

Die Kinder kommen zählend, die Drei betonend, herein: eins, zwei, drei, eins, zwei, drei, ... und stellen sich auf.

Alle:

Wir sind die erste Klasse, wir rechnen euch was vor,
wir sprechen manchmal einzeln, wir sprechen auch im Chor.

Eine geeignete Zahl von Kindern (z.B. sechs, zwölf oder vierundzwanzig) tritt vor und bildet einen Kreis. Der Rest der Klasse spricht mit den Kindern im Kreis chorisch mit.

Alle:

Eine war die Welt im Urbeginn,
Gott der Herr trug sie im Sinn.

Die Kinder im Kreis fassen sich dabei an und gehen im Kreis herum.

Und als er trennte Tag und Nacht,
da waren *zwei* von ihm gemacht.

Die herumgehenden Kinder lösen sich in zwei Kreise auf.

Und Gott sah voller Freude an,
was er dort Gutes hat getan.
Er hat die Menschen aufgestellt,
sie schauten Gott, sich und die Welt.

Drei Kreise werden gebildet.

Sie fühlten *drei* und waren im *Einen*
mit Menschen und Tieren, Blumen und Steinen.

Die drei Kreise schließen sich dabei zu einer dreiblättrigen Blütenform zusammen. Dann stellen sich die Kinder wieder in einen Block und sprechen zum Publikum.

Alle:
Die ersten Zahlen zeigten wir,
es folgen viele, wisset ihr!
Wir zeigen euch, wie wir gemacht
die Vier und Fünf, Sechs, Sieben, Acht.

Die Kinder zeigen in charakteristischen Körperstellungen die Zahlen 5 bis 8. Der Lehrer nennt dabei laut die jeweiligen Zahlen. Bei 6, 7 und 8 stellen sich immer zwei Kinder hintereinander und bilden so durch verschiedene Arm- und Beinstellungen die Zahlen.

Alle:
Wir zählen euch nun Zahlen vor,
mal laut, mal leis mit unsrem Chor.

Der Lehrer sagt nun Zahlen zwischen eins und fünf. Die Kinder stampfen im Kreis und zählen dabei laut z. B. eins, zwei, ***drei****, eins, zwei,* ***drei****… oder eins,* ***zwei****, eins,* ***zwei*** *… usw. Die hervorgehobenen Zahlen werden betont. Mit einem Tamburin oder einer Triangel können der Rhythmus und das Zusammenstimmen unterstützt werden.*

Alle:
Doch gehen auch die Zahlen weiter,
wir kennen sie und zählen heiter:
Eins, zwei, drei, …

Die Kinder zählen nun im Chor von eins bis zwanzig und zurück, laut und leise, wie es der Lehrer mit Armhaltungen angibt. Dabei kann auch zwischen dem Chor und einzelnen Kindern gewechselt werden, auf die der Lehrer zeigt.

Alle:
So, das wäre nun getan,
wir fangen nochmal vorne an:

Fünf Kinder treten vor und stellen sich in ein Fünfeck.
Alle:
Wir sind ein Kreis mit eins, zwei, drei, vier, fünf Kindern.
(Dabei zählen sie einzeln reihum.)
Wir können uns teilen, da sollt ihr euch wundern!

Sie gliedern sich nun in Gruppen, z.B. zu zwei plus eins plus zwei usw., und die Klasse sagt laut in der Reihenfolge, in der der Lehrer auf die Gruppen zeigt:

Fünf ist zwei und eins und zwei
(zum Beispiel; und entsprechend bei anderen Gruppierungen).

Alle:
Ihr seht, die Fünf kann vieles sein.
So teilen wir die Zahlen ein.
Wir gehen nun –

(Sie beginnen, sich in einer Reihe zum Hinausgehen zu formieren, und zählen dabei stampfend:)

2, 4, 6, 8,10, 12, 14,16, 18, 20, 22, 24.
(Nun gehen sie rückwärts wieder in der Reihe auf die Bühne zurück:)
24, 22, 20, 18, 16, 14, 12, 10, 8, 6, 4, 2.

– wir kommen wieder.
Wir dachten uns, es wär gelacht,
wenn man es uns so einfach macht!

Drum kommen jetzt in unsrem Chor
die Zwei und Drei abwechselnd vor.

Die Klasse geht nun mit eins, zwei, eins, zwei, drei, eins, zwei, eins, zwei, drei … stampfend heraus. Dabei können eins, zwei auch rückwärts gegangen werden.

Vom Zahlenreich – ein Rechenspiel ab der 2. Klasse

Ein Versuch, die Zahlen zum Klingen zu bringen und die Formkraft der Operationen mit ihnen zu verbinden
(Von Ernst Schuberth)

Personen:
Die erste Gruppe – die Lichtelfen – besteht hauptsächlich aus Mädchen in weißen Kleidern mit gelber Stola oder nur mit hellgelben Kleidern.
Die zweite Gruppe – die Wanderer – besteht hauptsächlich aus Jungen und hat zum größten Teil braune Hosen und grüne Kittel an.
Vier Kinder sind hervorgehoben als Temperamente: der rote Wanderer (Choleriker), die gelbe Wanderin (Sanguinikerin), die grüne Wanderin (Phlegmatikerin) und der blaue Wanderer (Melancholiker).
Die tatsächliche Einteilung hängt natürlich von der Klasse und ihrer Lehrerin ab.

Nach Möglichkeit haben die Kinder der Lichtelfengruppe, die nicht direkt mitspielen, Klangschalen oder Klangstäbe oder Xylofone, im Idealfall in C-Dur-Dreiklängen (c – e – g – c') gestimmt. Die tiefste Schale schlägt langsam die Einer (ganze Noten), die nächst höhere Schale schlägt Zweier (halbe Noten), usw.

Die Kinder der Wanderergruppe, die weniger aktiv mitwirken, haben nach Möglichkeit kleine Trommeln oder Klanghölzer.

Die Klasse tritt auf:

Alle:
Wir kommen in ein Zauberland,
halb ist es uns, halb nicht bekannt.
Wir spielen euch ein wenig vor,
in Gruppen, einzeln und im Chor.
Die Wanderer ziehen sich nun in die linke hintere Ecke der Bühne zurück. Die Lichtelfen verteilen sich auf der Vorderbühne und bewegen sich in Gruppen zur Musik der Klangschalen strahlig in bestimmten Figuren (siehe Abbildung 24). Wenn sie die Aufstellung im Dreieck oder Viereck oder Fünfeck gefunden haben, gehen sie zu Klängen der Klangschalen oder -stäbe auf ihrem Vieleck herum: also z.B. im Dreieck 1 – 2 – 3 (ein Weg); 1 – 2 – 3 (zweiter Weg); 1 – 2 – 3 (dritter Weg); entsprechend für das Viereck (schneller): 1 – 2 – 3 – 4 (ein Weg); 1 – 2 – 3 – 4 (zweiter Weg); 1 – 2 – 3 – 4 (dritter Weg); 1 – 2 – 3 – 4 (vierter Weg). Das Fünfeck wird entsprechend mit noch kleineren und schnelleren Schrittchen umlaufen. Die Töne sollten dabei höher sein. Dann gehen sie weiter in ihren Figuren herum.

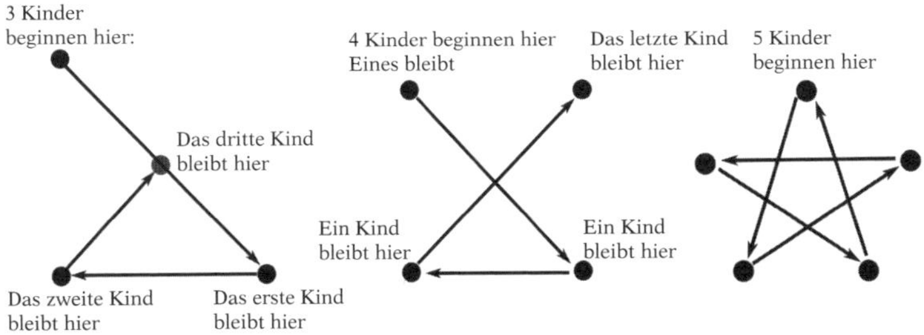

Abb. 24

Sollte das Aufstellen im Dreieck, Viereck oder Fünfeck in der angegebenen Weise noch zu schwierig sein, kann man die Kindergruppen auch direkt in ihre Vielecke gehen lassen.

Die Wanderer kommen nun langsam wie aus einer niederen Region emporsteigend auf die Vorderbühne und umschließen hufeisenförmig von hinten die Lichtelfen.

Wanderer:
Was ist dies für ein klingend' Reich?
So singend und schwingend den Tönen gleich?
Chor:
(während sich die Lichtelfen weiter auf ihren Vielecken bewegen)
Wollt ihr hier stehen,
uns tanzen sehen?
Ihr solltet im Reigen
geschmeidig euch zeigen!

Wanderer:
Wir wollen euch sehen,
und wollen nicht stehen,
woll'n mit euch uns drehen
nicht weiter hier gehen.

Doch sagt uns, ihr Lichten,
wir können's nicht dichten,
was treibt euch zum Tanzen,
geordnet im Ganzen
und immer aufs Neu',
gibt es Regeln dabei?

Chor:
Nun, Schwestern, halt' inne
denn ganz im Beginne

sind hier unsre Wandrer,
die lehrte kein andrer.
Lasst langsam uns schwingen,
die Töne rein singen!

12 Lichtelfen gehen nun mit dem Grundrhythmus in einen Kreis. Dann teilt sich der Kreis in zwei Kreise mit dem doppelt so schnellen Rhythmus. Dann vereinigen die Kreise sich wieder und gehen mit höherem und rascherem Ton in drei Vierergruppen, vereinigen sich wieder und gliedern sich in vier kleine Kreise zu je dreien. Schließlich bilden sie sechs Gruppen zu je zweien, wobei jeweils zwei Kinder hintereinander stehen. Danach gliedern sie sich auf zu zwölf einzelnen Lichtelfen, die nebeneinander vorne auf der Bühne stehen.

(Und so ähnlich für andere Teilungen)
Wanderer:
Das nenn ich Eins und Zwei und Drei.
Noch viele andere sind dabei.
Wir wollen gerne bei euch weilen.
Sagt, könnt ihr wohl auch andres teilen?

Sechs Kinder stellen sich auf, wechselnd zur Musik. Sie zeigen einfacher, was sie schon gemacht haben, an der 6:

Lichtelfen:
Meint ihr es so?
(Sie stellen sich zu sechst hintereinander zu einem langen, tiefen Ton.)
Oder so?
(Sie gruppieren sich um zu zwei Gruppen à 3 zu zwei höheren und schnelleren Tönen.)
Oder so?
(Sie gruppieren sich um zu drei Gruppen à 2 zu Triolen.)
Oder so?
(Jetzt stehen die 6 Kinder nebeneinander zu einer schnelleren Sextole.
Wenn gewünscht, können auch die Wanderer stampfend oder klatschend und trommelnd die Töne und Schritte begleiten.)

Wanderer:
Wir nennen's 6 und freu'n uns dran,
wie 6 verschieden klingen kann.
Für uns ist 6 = 2 x 3
und doch zugleich auch 3 x 2.
Was andres könnt ihr uns wohl zeigen
durch euern klingend-schwingend Reigen?

Es kommen sechs Kinder dazu, und alle zwölf stellen sich im Kreis auf.

Lichtelfen:
Wollt ihr die 12 wohl sehen,
was mit ihr kann geschehen?
Erst sei sie Eins,
jetzt fehlt uns keins.
Nun schaut: die 2 steckt auch darin!

Wanderer:
Ja, 2 x 6. Das ist Gewinn.
Und 3 x 4,
das sehen wir.
Nun 4 x 3
Und 6 x 2,
Gibt es noch eins?

Lichtelfen:
Ja, 12 x 1!

Sie gliedern die 12 jetzt ähnlich, aber doch etwas anders als bei der 6: Der tiefste Ton (C) wird für die 12 zunächst einmal angeschlagen. Alle 12 Kinder stellen sich dabei in eine Reihe hintereinander. Dann wird derselbe tiefe Ton nochmals angeschlagen und dazu eine Triole mit dem Ton E geschlagen. Die Kinder gliedern sich dabei in drei Gruppen, die nebeneinander stehen. Dann gehen sie wieder zurück. Danach wird nochmals der tiefe Ton gespielt, aber nun die Triole (E) und dazu auf G die Gliederung der Triole in jeweils 4 Schläge. Also etwa so:

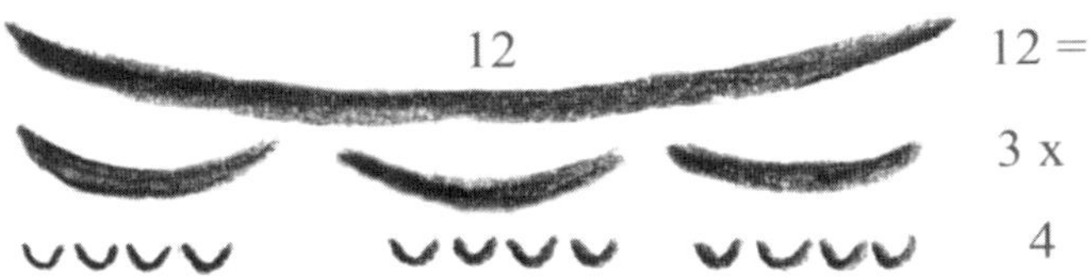

Die Kinder treten dabei deutlich in 3 Gruppen von jeweils 4 Kindern nebeneinander. Dann gehen sie wieder in die Einheit der 12 zurück.
Entsprechend können andere Gliederungen der 12 oder anderer Zahlen mit Klängen gezeigt werden.

Nun kommen von den Lichtelfen einige nahe zu den braun-grünen Wanderern. Sie werden von jenen umschlossen, und es werden ihnen rasch blaue Kittel übergeworfen.
Beispiel: Es waren 12 Lichtelfen. 5 von ihnen sind verschwunden im Kreis der Wanderer. Die Übriggebliebenen klagen:

Lichtelfen:
Wir waren 12 und sind noch 7,
wo sind die andern nur geblieben?
Wer weiß, wie viel sind uns genommen?

Wanderer:
Ihr waret 12, 7 geblieben.
Ihr sucht wohl 5 zu euern 7.

Die Wanderer öffnen den Kreis, in dem die fünf jetzt blauen Elfen sind, und geben sie frei.

Grüne Wanderin:
Ja, 12 sind 5 und 7.
Das Aufteil'n tu ich wahrlich lieben!

Roter Wanderer:
Nun rasch und fügt euch schnell hinein,
denn 5 und 7 sollen Zwölfe sein!

Lichtelfen:
Wie ihr so redet, kommt uns seltsam vor.
Noch nie klang's so an unser Ohr.
Ihr seid zu garstig, so ungenau.
5 und 7 ist für uns grau.

Wanderer:
Ihr wollt nur tanzen und schwingen.
Doch wollen wir euch das Gliedern bringen.

Grüne Wanderin:
Seht her: die 12 ist 5 und 4 und 3,
doch auch die 6 und 4 und 2

Die Wanderer gliedern entsprechend die Lichtelfen:

★★★★★ ★★★★ ★★★

und dann

★★★★★★ ★★★★ ★★

(Andere Aufstellungen sind möglich.)

Roter Wanderer:
Ja, 2 und 6 und 4
gibt wieder 12, das sehen wir!

Grüne Wanderin:
Ihr alle schaut nicht glücklich drein.
Drum wollen wir euch näher kommen
und haben etwas ausgesonnen:

Die Wanderer stellen den Elfenchor so auf:

★ ★

★ ★ ★ ★

★ ★ ★ ★ ★ ★

Grüne Wanderin:
Nun seid ihr 1 + 2 + 3
und nochmals 3 + 2 + 1!
Lichtelfen:
Das ist uns neu – halb wir – halb ihr;
das sieht schön aus, das lieben wir:
ungleiche Teile und doch ist's ein Klang.
Lasst's uns versuchen in tanzendem Gang!

Ein Dreiklang wird aufgebaut. Dazu tauschen die Kinder symmetrisch ihre Plätze, sodass die Figur gespiegelt erscheint.

Lichtelfen:
Habt ihr noch mehr von solchen Dingen
zum Schreiten und Tanzen und lustigen Klingen?

Grüne Wanderin:
So viel ihr wollt!
Doch seht, die Schwester kommt herbei.
Will sehn, was hier zu lernen sei!

Gelbe Wanderin:
Ich liebte euer erstes Schreiten,
wie ihr euch teiltet nach Möglichkeiten.
Doch dieses macht mich auch ganz froh
komm, Schwester Grün, und führ' uns so!

Grüne Wanderin:
Wenn ihr es wollt, so nehmt es auf.
Die 16 gibt uns einen ähnlichen Lauf:

Die Wanderer stellen zwölf Lichtelfen gemischt mit vier Wanderern in folgender Form auf:

★

★ ★ ★

★ ★ ★ ★ ★

★ ★ ★ ★ ★ ★ ★

Dazu erklingt von den Klangschalen c – e – g – c‘ – g – e – c.
Mit den Klängen wird die Form nach 1 – 2 – 3 – 4 – 3 – 2 – 1 aufgebaut.

Roter Wanderer:
Was immer wir auch hier getrieben,
zusammen sind's stets 16 geblieben!
Nun wünsche ich mir 3 mal die 7!
Sind wir genug dafür geblieben?
Potztausend, das sind 21!
Kommt alle her, sonst werd' ich grantig!

Grüne Wanderin:
Ja, 21 verteilt auf 3
macht 7 stets in einer Reih'!

Blauer Wanderer:
Warum bloß werd' ich nie gefragt?
Niemand will hören, was ich gesagt!

Gelbe Wanderin:
Bruder, bist du schon gekommen?
Wir haben nichts von dir vernommen.

Blauer Wanderer:
Mich fragt ja keiner, was ich dachte!

Gelbe Wanderin:
Erzähl uns doch! *(Zum Chor)* Ganz stille, sachte!

Blauer Wanderer:
Ich dachte, dachte… wir spielen Verstecken.
Hier vorne, dort hinten und zwischen den Hecken!
(Alles will durcheinander weglaufen)
Doch halt, lasst uns mit 10 beginnen.
Ich schließe die Augen, nun lauft von hinnen!
Doch bitte, lasst mich nicht ganz allein.
Einige müssen immer hier bei mir sein.
Und du, Schwester Gelb, du machst nicht mit,
du kontrollierst, was ich nicht seh', ich bitt'!

Nun wird auf der Bühne gerechnet. Auf einen Gongschlag laufen einige der zehn Kinder fort, während Blau die Augen geschlossen hält. Auf einen zweiten Gongschlag öffnet er wieder die Augen und sieht zum Beispiel sechs. Dann sagt er:

Blauer Wanderer:
Es waren 10. Sechs sind geblieben,
so müssen noch viere sein dort drüben!

Gelber Wanderer:
Ja, wenn von 10 vier sind entlaufen,
so sind noch 6 bei dir im Haufen.

So wird noch einige Male gerechnet.

Lichtelfen:
Wie schön, dass ihr gekommen seid,
wir lernten viel in dieser Zeit!

Wanderer:
Wir danken euch, ihr Lichtgestalten,
uns wird so hell bei euerm Walten.
Ihr habt solch einen lichten Glanz.
Wir lieben euern Zahlentanz!
Alle:
Nun gehn wir aus dem Zauberreich.
Kein Glied ist einem andern gleich.
Die Zahlen sind's, die lustig tanzen,
allein, doch meist im Chor der ganzen.

Zu Klängen mit den Klangschalen geht die Klasse geordnet ab.

Die vier Rechenbrüder. Ein Rechenspiel

(Von Walpurgis Rascher; angeregt durch die Darstellung von Hilde Langen)[70]

Chor:
Es leben vier Brüder in einem Reich,
nicht einer ist dem anderen gleich.
Der erste regiert und teilet gerecht,
der zweite hilft ihm mit «mal» nicht schlecht,
der dritte verliert, der vierte bringt's wieder.
So leben in Eintracht die Rechenbrüder.

Chor:
Schaut in den Garten, hübsch und fein,
Kohlköpfe stehn, in graden Reihn!
Wer ist's, der sorgsam sie gehegt
und jeden Tag mit Liebe gepflegt?
Herr «Und» mit seinem Leib so rund,
im grünen Rock, den Halm im Mund.
Er zählt und zählt und rechnet schwer:

Herr Und (Gärtner):
12 Köpfe, das ist 6 und 6, nicht mehr,
12 ist auch 2 und 2 und 2 und 2 und 2 und 2,
ich zähl genau, mach keine Hexerei!
Denn Schritt für Schritt kommst du zum Ziel,
drum setz ein «Und» und frag nicht viel!

Herr Weg (Schäfer) *kommt jammernd herbei:*
Ach, während die Sterne ich besang,
nachts, zum himmlischen Harfenklang,
liefen sie fort! Jetzt sind's nur noch sieben.
Wo sind meine anderen Schafe geblieben?

Gärtner *(zeigt auf abgefressene Beete):*
Da schau nur! Das haben sie angestellt
im sauberen Garten, den ich hab bestellt!
12, das ist 2 und 2 und …

Malnehmer Luftikus *springt herbei:*
Heißa juchhei, juchhei dideldei,
12, das ist 2 mal 6 und 6 mal 2,
12 ist auch 4 mal 3 und 3 mal 4,
100 ist 20 mal 5, das glaube mir!
So werf ich die Zahlen mal hin, mal her,
jongliere – 2, 4, 6 – sogleich werden's mehr.

Mit «mal» mach ich Sprünge, mal groß, mal klein,
drum will ich auch immer ein Luftikus sein!

Gärtner:
Ei, Bruder, hilf du mir nur zuweilen,
dann muss ich im Zählen mich nicht so eilen!

Gärtner *(zum Luftikus)*:
Doch sieh!
Nicht immer ist das Beet so ganz rechtwinklig grad,
mal schräg die eine Seit', mal hier ein krummer Pfad.
Da pflanz ich in die Reihe 8,
daneben wird's noch mal gemacht,
dann 7, 6, dann 6 und 4,
wie viel sind das nun, sage mir?

Luftikus *(fällt auf den Boden):*
Ach, Bruderherz, ich fall ins Gras,
zähl du zusammen diesen Spaß!

Schäfer *(zum Gärtner):*
Erzähl uns lieber, was dir alles fehlt,
wobei mich mein Gewissen schrecklich quält.
Denn meine Schafe, die zwölf lieben
(es blieben bei mir nur noch sieben),
die liefen zu des Bruders Beeten
und taten fleißig darin jäten.
2 Kohlköpf' weg – und weit're 8 –
dann nur noch 3 – es war ja Nacht.
(König kommt hinzu.)
Ach, wie viel Köpfe fehlen nun uns beiden?
Wir müssen schrecklich drunter leiden!

Luftikus *(zum König):*
8 Kohlköpf – 7 Schafsköpf! Mal her, mal hin!
Was sagst du, Bruder König? Das gibt keinen Sinn!

König *(zu den Brüdern):*
Lasst uns gerecht sein, Brüder, hört –
der Zahlenbrei mich etwas stört –:
Teilt euch die Kohlköpf säuberlich in 3, nein 2
und all die Schafe auch! Ruft sie herbei!

Gärtner lässt die 5 Schafe aus dem Versteck.

Schäfer:
Ach, da seid ihr ja, meine Lieben!
5 ist genau 12 weg 7!

Gärtner *(lachend)*:
Wir wollen nicht teilen, die kommen allein zurück!

König:
Dann biet ich euch Folgendes zu eurem Glück:
In Zukunft liefert an den Hof, gerecht und klar,
den vierten Teil eures Gewinns im Jahr.
Dafür soll der hundertste Teil meiner tausend Mann
bei euch als Wachen treten an.

Luftikus:
1000 ist 100 mal 10, ganz bequem.
10 Wachen! Ist euch das angenehm?

König:
Dann herrschet Ordnung im Revier,
gerecht geht's zu, das glaubet mir!

Schäfer:
Ich mag keine Wachen für meine Schafe.

Gärtner:
Mich stören sie nur beim ruhigen Schlafe.

Luftikus:
Ich lauf ihnen davon, ganz ohne Manieren.

König:
So bleibt, wie ihr seid – und lasst mich regieren!
(König geht, dreht sich um, Luftikus folgt)
Doch werd ich einmal in Not geraten,
so lass ich mich gerne von euch beraten.

Luftikus:
Herr König, ruf mich nur immer zur Stell!
Mit «Mal» schaffst du Ordnung noch mal so schnell!

Chor:
Weil alle vier so verschiedentlich sind,
macht's Rechnen erst Spaß! Probier's nur, mein Kind!

Anhang 3: Quellentext

Rudolf Steiner zur Einführung der Rechenoperationen in Verbindung mit den kindlichen Temperamenten[71]

Gehen wir einmal von der Addition aus, und zwar so, wie wir die Addition auffassen. Nehmen wir an, ich habe Bohnen oder ein Häufchen Holunderkügelchen. Nun will ich für den heutigen Fall annehmen, dass die Kinder schon zählen können, was sie ja auch erst lernen müssen. Das Kind zählt, es hat 27. – «27», sage ich, «das ist die Summe.» Wir gehen aus von der Summe, nicht von den Addenden! Die psychologische Bedeutung davon können Sie in meiner Erkenntnistheorie verfolgen.[72] Diese Summe teilen wir jetzt ab in Addenden, in Teile oder in Häufchen. Ein Häufchen Holunderkügelchen, sagen wir 12; weiter ein Häufchen, sagen wir 7; weiter eines, sagen wir 3; weiter eines, sagen wir 5. Dann werden wir die Holunderkügelchen erschöpft haben: 27 = 12 + 7 + 3 + 5. Wir machen ja den Rechnungsvorgang von der Summe 27. Solch einen Vorgang lasse ich nun eine Anzahl von Kindern machen, welche ausgesprochen phlegmatisches Temperament haben. Man wird sich allmählich bewusst werden, dass diese Art des Addierens besonders geeignet ist für Phlegmatiker. – Dann werde ich mir, weil ja der Vorgang zurückverfolgt werden kann, cholerische Kinder aufrufen und werde die Holunderkügelchen wieder zusammenwerfen lassen, aber so, dass es geordnet ist gleich 5 und 3 und 7 und 12, sind 27. Also das *cholerische* Kind macht den *umgekehrten* Vorgang. Das *Addieren* ist ganz besonders die *Rechnungsart der phlegmatischen Kinder.*

Nun nehme ich jemand heraus aus den *melancholischen* Kindern. Ich sage: «Hier ist ein Häufchen Holunderbeerchen; zähle sie mal ab!»

Es kriegt heraus, sagen wir einmal 8. «Siehst du, ich will nicht haben 8, ich will nur haben 3. Wie viel muss weggelegt werden von den Holunderkügelchen, damit ich nur 3 bekomme?» Dann wird es darauf ankommen, dass 5 weggenommen werden müssen. Das *Subtrahieren* in dieser Form ist vor allem die Rechnungsart der *melancholischen* Kinder. Nun rufe ich ein *sanguinisches* Kind auf und lasse die Rechnung zurück machen. Nun sage ich: «Was ist weggenommen worden?» Und ich lasse mir sagen: Wenn ich 5 von 8 wegnehme, so bleiben mir 3 übrig. – Das sanguinische Kind lasse ich wieder die umgekehrte Rechnungsart ausführen. Ich will nur sagen, dass «vorzugsweise» die Subtraktion – aber so ausgeführt, wie wir es tun – für die melancholischen Kinder ist.

Nun nehme ich mir ein Kind vor aus der Gruppe der Sanguiniker. Ich werfe wieder eine Anzahl Holunderkügelchen hin, ich sorge aber dafür, dass es in irgendeiner Weise passt. Nicht wahr, ich muss das ja schon anordnen, sonst würde die Sache zu rasch ins Bruchrechnen hineinführen. Also, nun lasse ich zählen: 56 Holunderkügelchen. – «Nun sieh einmal an, da habe ich 8 Holunderkügelchen. Nun musst du mir sagen, wie oft die 8 Holunderkügelchen in den 56 drinnen sind.» Sie sehen, die *Multiplikation* führt zu einer Division. Es bekommt heraus 7. Nun lasse ich die Rechnung zurück machen von dem *melancholischen* Kinde und sage: «Nun will ich aber nicht untersuchen, wie oft die 8 enthalten sind in den 56, sondern wie oft ist die 7 enthalten in 56?» Ich lasse die umgekehrte Richtung immer von dem entgegengesetzten Temperament ausführen.

Dem *Choleriker* lege ich vor zunächst die *Division*, vom Kleinen zum Größten, indem ich sage: «Siehe, da hast du das Häufchen von 8. Ich will von dir nun wissen, in welcher Zahl die 8 siebenmal drinnensteckt.» Und er muss herauskriegen: in 56; in einem Häufchen von 56. – Dann lasse ich das *Umgekehrte*, die gewöhnliche Division, von dem *phlegmatischen* Kinde machen. Für das cholerische Kind wende ich in dieser Form die Division an. Denn in dieser Form ist sie insbesondere die Rechnungsart der cholerischen Kinder.

Auf diese Weise, indem ich es fortwährend so durchführe, bekomme ich gerade für die vier Rechnungsarten die Möglichkeit, sie zu gebrauchen für die Heranziehung der vier Temperamente: das Additive ist verwandt dem Phlegmatischen, das Subtrahieren dem melancholischen, das Multiplizieren dem Sanguinischen, das Dividieren, mit dem Zurückgehen zu dem Dividenden, dem Cholerischen.[79] [...]

Es ist von besonderer Wichtigkeit, dass man nicht langweilig fortarbeitet: ein halbes Jahr bloß addiert, dann subtrahiert und so weiter, sondern wir werden diese vier Rechnungsarten womöglich nicht allzu langsam nacheinander durchnehmen, und dann *alle vier üben!* Zuerst nur bis 40 etwa. So werden wir Rechnen lehren nicht nach dem gewöhnlichen Stundenplan, sondern so, dass durch das Üben diese vier Arten fast gleichzeitig angeeignet werden. Sie werden finden, dass es auf diese Weise sehr ökonomisch geht und dass man die Kinder die Dinge ineinander arbeiten lassen kann. – Es ist ja die Division verwandt mit der Subtraktion, und die Multiplikation ist eigentlich nur eine wiederholte Addition. Sodass man also auch umwechseln und zum Beispiel das cholerische Kind an die Subtraktion heranbringen kann.

Anhang 4: Nachwort zur 4. Auflage

Diese knappe Darstellung über den Anfangsunterricht in der Mathematik hat mit den Waldorfschulen eine weltweite Verbreitung in zahlreichen Übersetzungen gefunden. Bei der erneuten Durchsicht wurde mir erneut bewusst, wie scheinbar entfernt sie von der aktuellen mathematikdidaktischen Forschung und vor allem den in ihr üblichen Methoden, ihrer Sprache und Fragestellungen ist. So ist es nicht verwunderlich, wenn sie von Kollegen, wie etwa dem geschätzten Erich Wittmann, als vorwissenschaftlich und nicht für die mathematikdidaktische Diskussion relevant betrachtet wird. Dabei kann allerdings verkannt werden, dass eine didaktisch und pädagogisch orientierte Forschung eine anthropologische Begründung verlangt, wenn sie nicht in intellektuell dünner Luft schweben will.

Damit ist nichts gegen die heutige Forschung auf mathematikdidaktischem Feld gesagt. Es darf aber die Frage gestellt werden: Auf welche Weise weckt ihr in den Kindern – auch in denen, die es mit diesem Fach schwer haben – die Liebe zur Mathematik und in den Lehrern ein tiefer gehendes Interesse an der Entwicklung der Kinder durch den Unterricht? Auf welcher Grundlage betreibt ihr eine Gemüts- und Willenserziehung durch das Fach? Ist die Digitalisierung des Lernens in der frühen Kindheit der Weg, Wirklichkeit zu erfahren, Interesse am anderen Menschen zu wecken und so eine Gesellschaft zu fördern, die nicht vom Bildschirm, sondern aus der oft schmerzhaften Realitätserfahrung Empathie, Verantwortlichkeit, Kreativität bis in technische Erfindungen hinein, Bewusstsein für die natürlichen Lebensbedingungen und vieles andere, was eine Gesellschaft lebenswert macht, entwickelt?

Für den gesamten Unterricht im Fach Mathematik hat ein Verständnis dafür, was Ursprung und Sein (im ontologischen

Sinn) der Mathematik ist, eine grundlegende Bedeutung: Haben die mathematischen Ideen eine vom Menschen unabhängige geistige Existenz, oder betreiben wir mit ihnen ein Spiel nach selbst gemachten Regeln? Sind die mathematischen Begriffe und ihre Beziehungen – nicht ihre Bezeichnungen in Worten und Zeichen, sondern ihrem Sinngehalt nach – *Entdeckungen* oder *Erfindungen?*[74]

Im Hinblick auf die zahlreichen Anschauungen, die zu dieser Frage mindestens seit Platon entwickelt wurden und immer wieder neu diskutiert werden, wie zum Beispiel bei Oldenburg und Kollosche,[75] nimmt die hier vorliegende Betrachtungsweise eine Sonderstellung ein: Mathematik ist eine Wissenschaft des reinen Denkens und hängt ihrem Inhalt nach nicht vom jeweiligen Erkenntnissubjekt ab. Um aber individuell Mathematik denken zu können, muss sich der Einzelne – und insbesondere das Kind – zunächst auf Erfahrungen der raumbezogenen Sinne, vor allem des kinästhetischen Sinns und des Gleichgewichtssinns, stützen. So ist das *Gerade-Sein* in der realen Raumerfahrung eine Bewegungserfahrung, die immer zugleich eine spezielle Raumlage besitzt, die aber niemals stofflich vollkommen dargestellt werden kann, weil sie Tätigkeitserfahrung, nicht Tasterfahrung ist. Nur deshalb können auch blinde Menschen Formen erfassen. Die strukturell beschriebenen Geometrien[76] sind erst an der axiomatischen Beschreibung und logischen Ordnung der Elementargeometrie gewonnen und wurden dabei bewusst von ihrem Erfahrungsbezug gelöst.[77]

Der Zusammenhang von grundsätzlich individueller Sinneserfahrung und der Welt der subjekt- und objektallgemeinen und nur im Denken (intuitiv) zu erfassenden Begriffe und Ideen wird am ehesten durch den *Monismus* verständlich, wie ihn Rudolf Steiner in seiner *Philosophie der Freiheit* (1893) entwickelt: Idee und Erfahrung, Wesen und Erscheinung, sind keine getrennten Entitäten, sondern werden erst im Erkenntnisprozess durch die menschliche Organisation getrennt und im Urteil wieder vereint. Das (empirische) Urteil verbindet sinnlich Erfahrenes mit geistig erfasstem Bedeutungs- und Sinngehalt, die aber originär einander angehören. Dass dabei Sinneserfahrung und intuitiv (schauend) erfasster Wesensgehalt immer nur partiell gelingen, ist eine Selbstverständlichkeit. Auf mich selbst bezogen: Mein Wesen und meine physische Erscheinung sind eine Einheit, werden aber einmal durch eine denkende Betrachtung und einmal durch die Sinne getrennt zum Bewusstsein gebracht.

Auf die Elementarmathematik angewandt: Die Erfahrung der Bewegungsqualität *gerade* führt, denkend angeschaut, zum begrifflichen Beziehungsgefüge geometrischer Begriffe, das wir *Geometrie* nennen.

Ein zentrales Hindernis, den Monismus Rudolf Steiners anzuerkennen, liegt in der Schwierigkeit, das Denken nicht nur anzuwenden, sondern es in seiner Tätigkeit seelisch zu beobachten, über es *empirische* und nicht nur *begriffliche* Urteile (Kant) zu fällen. Durch Idole im Sinne von Francis Bacon (1561–1626) werden allzu leicht mögliche Wirklichkeitserfahrungen verdeckt. Eines unter ihnen ist die verbreitete Anschauung, dass das Gehirn das Erkenntnissubjekt sei. Dadurch kann es einer Maschine gleichgesetzt werden, in der chemische und physikalische Prozesse das Wesen ausmachen.

Warum fällt es so selten auf, dass eine genaue Kenntnis dieser Prozesse niemals ihren Sinn ergeben kann? Alle Beobachtungen am Gehirn erhalten erst Sinn, wenn sie vom Denken, das wir nur aus der seelischen Beobachtung kennen, beleuchtet wird. Insbesondere gegenüber dem Computer ist eine Entmythologisierung überfällig. Das Gehirn ist Werkzeug des Denkens, nicht Subjekt. Die Kenntnis der Neurophysiologie und Neuropsychologie sind in vieler Hinsicht – wie zum Beispiel bei physischen und psychischen Erkrankungen, Teilleistungsschwächen und vielem anderen mehr – von größtem Interesse. Den Sinngehalt eines physikalisch-chemischen Prozesses im Gehirn kann man aber nur aus Ergebnissen seelischer Beobachtungen mit diesen

Prozessen verbinden. So kennt auch kein Computer ein Erkennen, sondern die programmierten Abläufe inklusive ihrer programmierten Änderungen (sogenannte selbst lernende Maschinen) – vom Input über Sensoren bis zum Output – erhalten ihren Sinn aus den Funktionen, die sie erfüllen sollen. Sinn ist dabei keine physikalische Kategorie, sondern gehört dem Bereich seelischer Beobachtungen an! Ohne die Schulung solcher sachlicher Beobachtungsfähigkeiten werden wir unsere Menschlichkeit schwer bewahren können. Die Abgrenzung menschlichen Denkens von sogenannter künstlicher Intelligenz (KI) betrachte ich als eine der wichtigsten Aufgaben der nächsten Zukunft.[78]

Hamburg, Ostern 2021

Anmerkungen

1 In: *Journal für Mathematikdidaktik 17* (1996) 3/4, S. 192 – 211.

2 Dies haben z.B. Martin Wagenschein oder Horst Rumpf immer wieder zu zeigen versucht. Siehe auch den Beitrag von Peter Buck / Markus Rehm: Naturwissenschaftsdidaktik aus der 1st-person-perspektive. In: *Allmähliches Verschwinden der Menschlichkeit – eine pädagogische Herausforderung*, hrsg. von Peter Loebell und Ernst Schuberth, Klinkhard-Verlag, Bad Heilbrunn 2012.

3 Siehe Ernst Schuberth, *Das Formenzeichnen als tätige Geometrie in den Klassen 1 bis 4*, Stuttgart ^{3}2016.

4 Rudolf Steiner, *Die Kunst des Erziehens aus dem Erfassen der Menschenwesenheit*, 5. Vortrag, Gesamtausgabe Bibl.-Nr. (= GA) 311, Dornach ^{5}1989.

5 Rudolf Steiner, *Erziehungskunst. Methodisch-Didaktisches*, 4. Vortrag, GA 294, Dornach ^{6}1990.

6 Siehe Anm. 4.

7 Siehe Anm. 4.

8 Siehe Anm. 4.

9 Siehe das Kapitel «Rechenschwächen und die menschenkundlichen Grundlagen der Mathematik», S. 91ff.

10 Für Leser, die mit der Darstellung der Sinne durch Rudolf Steiner nicht vertraut sind oder ihre Kenntnisse vertiefen wollen, ist im Literaturverzeichnis auf eine Auswahl entsprechender Literatur hingewiesen.

11 Beim sogenannten simultanen Zahlerfassen hat man es entweder mit bekannten geometrischen Mustern – wie bei den Augen eines Würfels – zu tun, denen man die Zahl wie einer Ziffer zuordnet, ohne einen Zählvorgang durchzuführen, oder man erfasst die Zahl an dem verinnerlichten Bild wie an einer äußeren Wahrnehmung.

12 Fachkollegen werden vielleicht bemerken, dass beim vorgeschlagenen Unterrichtsaufbau der ersten Stunden eine Beziehung zur Unterscheidung von Zählraum und Arbeitsraum besteht. Im (kleineren) Arbeitsraum wird anfänglich gegliedert, die Operationen eingeführt und schließlich gerechnet, während der Zählraum der Orientierung in einem größeren Zahlenraum dient, die gesetzmäßige Folge in der Bildung der Zahlwörter zeigt und die Ordnungsstruktur der Ordinalzahlen enthält. (Siehe z.B. Wittmann / Müller, Padberg oder Pohle; Angaben im Literaturverzeichnis, S. 168f.)

13 Rudolf Steiner, *Erziehungskunst. Seminarbesprechungen und Lehrplanvorträge*, 4. Seminarbesprechung, GA 295, Dornach ^{4}1984. (Vgl. auch

Anhang 3.) Siehe auch Ernst Schuberth, *Wirtschaftskunde und Algebra in der 7. und 8. Klasse an Waldorfschulen*, Verlag Freies Geistesleben, Stuttgart 2008, 8. Kapitel und Louis Locher-Ernst, *Arithmetik und Algebra*, Verlag am Goetheanum, Dornach 1984, S. 52 – 55 und S. 404f.

14 Siehe Rudolf Steiner, *Erziehungskunst. Methodisch-Didaktisches*, 4. Vortrag, GA 294, Rudolf Steiner Verlag, Dornach [6]1990.

15 Siehe hierzu Rudolf Steiner, *Die geistig-seelischen Grundkräfte der Erziehungskunst*, 1. Vortrag, GA 305, Dornach [3]1991.

16 Vergleiche zu dem Folgenden auch Ernst Schuberth, Zur Integration kognitiver und sozialer Bildung durch den Mathematikunterricht. In: Harm Paschen (Hrsg.), *Erziehungswissenschaftliche Zugänge zur Waldorfpädagogik*. VS Verlag für Sozialwissenschaften / Springer Fachmedien, Wiesbaden GmbH 2010.

17 Eine wichtige Frage ist natürlich die nach dem Transfer eingeübter Denkformen. Eine systematische empirische Studie an Waldorfschülern dazu gibt es meines Wissens nicht – wäre aber von großem Interesse, wobei sichergestellt sein müsste, dass Lehrer bewusst auf ein analytisches Denken im hier gemeinten Sinn hingearbeitet haben. So bleiben hier die persönlichen Erfahrungen zunächst als Stütze. Ansonsten sind die Aussagen als Arbeitshypothese sinnvoll.

18 Vgl. H. Maturana / E. Varela, *Der Baum der Erkenntnis,* Bern / München / Wien 1987.

19 Als erkenntnistheoretische Stütze für die hier entwickelten Gedanken sei nachdrücklich auf Rudolf Steiners frühe Schrift *Grundlinien einer Erkenntnistheorie der Goetheschen Weltanschauung,* GA 2, Dornach [7]1979, und dort insbesondere auf die Kapitel zur anorganischen und organischen Natur verwiesen.

20 Vgl. Ernst-Michael Kranich, Die Kräfte leiblicher Formbildung und ihre Umwandlung in die Fähigkeit, Formen zu gestalten und zu erleben. In: Ernst-Michael Kranich u.a., *Formenzeichnen. Die Entwicklung des Formensinns in der Erziehung*, Verlag Freies Geistesleben, Stuttgart [4]2015, S. 13ff.

21 «Psychologist Raymond Cattell first proposed the concepts of fluid and crystallized intelligence and further developed the theory with John Horn. The Cattell-Horn theory of fluid and crystallized intelligence suggests that intelligence is composed of a number of different abilities that interact and work together to produce overall individual intelligence.» Siehe auch: Boris Bornemann, Manja Foth, Judith Horn, Jan Ries, Elke Warmuth, Isabell Wartenburge, Elke van der Meer: Mathematical cognition: individual differences in resource allocation. In: *ZDM Mathematics Education* (2010) 42, S. 555 – 567.

22 Zum Thema Temperamente sei auch hingewiesen auf Christian Rittel-

meyer, Die Temperamente in der Waldorfpädagogik. Ein Modell zur Überprüfung ihrer Wissenschaftlichkeit. In: Harm Paschen, *Erziehungswissenschaftliche Zugänge zur Waldorfpädagogik*, vs-Verlag, Wiesbaden 2010, und auf Walther Riethmüller, Temperamente in der Diskussion. In: *Erziehungskunst* 68 (H. 7/8), S. 776-790, Verlag Freies Geistesleben, Stuttgart 2004.

23 Als Beispiel für eine Rechengeschichte siehe auch den Abschnitt *Eine Rechengeschichte zum «Temperamentrechnen»*, S. 66ff.

24 Diese Unterscheidung hat noch nichts mit den beiden Subtraktionsverfahren – dem Ergänzungsverfahren (Aufaddieren oder Hinaufzählen) und dem eigentlichen Subtraktionsverfahren (Abziehverfahren oder Hinunterzählen) zu tun. Siehe dazu zum Beispiel Friedhelm Padberg, Christiane Benz, *Didaktik der Arithmetik: für Lehrerausbildung und Lehrerfortbildung,* Spektrum Akademischer Verlag Mathematik, Heidelberg / Berlin 2011.

25 Auf die Frage irrationaler Verhältnisse ist hier nicht einzugehen.

26 Insbesondere in allen Künsten kommt es – zeitlich (Musik) oder räumlich (Architektur) – vor allem auf Verhältnisse an. Wiederkehrende Verhältnisse führen zu Proportionen. Es ist wichtig, sich diesen Unterschied denkerisch und gefühlsmäßig ganz bewusst zu machen!

27 Das Schreiben als Bruch dient hier nur zur Unterscheidung der beiden Operationen. In der Praxis werden wir auf dieser Stufe den Doppelpunkt «:» verwenden.

28 Siehe Ernst Schuberth, *Wirtschaftskunde und Algebra in der 7. und 8. Klasse an Waldorfschulen,* S. 225 ff.

29 In gewissen Fällen ist Rechenschwäche mit Fingeragnosie verbunden – wie zum Beispiel beim Gerstmann-Syndrom. Vgl. auch den Aspekt des inneren Ertastens des Leibes, den Ernst-Michael Kranich in seinem Aufsatz «Mathematische Früherziehung im Vorschulalter als psychologisch-pädagogisches Problem» darstellt. In: *Der Schweizerische Kindergarten*, 3/1970.

30 Das Zeichen «|» für den Unterschied sollte man nicht auf Dauer – wenn überhaupt – im Unterricht einführen, da es ungebräuchlich ist bzw. mit anderer Bedeutung verwendet wird. Wir hatten es als aufrecht stehendes Minuszeichen verstanden.

31 Diese Denkanstöße wurden in dem Buch von Helmut Eller, *Die vier Temperamente*, Stuttgart [4]2017, weitergeführt.

32 Einiges ist dazu auch im Abschnitt «Die Einführung des kleinen Einmaleins» dargestellt.

33 Rudolf Steiner, *Erziehungskunst. Seminarbesprechungen und Lehrplanvorträge*, 4. Seminarbesprechung, GA 295, Rudolf Steiner Verlag, Dornach [4]1984. Vergleiche auch Anhang 3.

34 Neben dem Ultrakurzzeit-, Kurzzeit-, Arbeits- und Langzeitgedächtnis

mit seinen Unterformen sind sinnesspezifische Gedächtnisformen, wie z.B. dem visuellen, auditiven und musikalischen, haptischen Gedächtnis etc., von Bedeutung. Literatur ist über das Internet in großer Zahl verfügbar.

35 Rudolf Steiner, *Die Weltgeschichte in anthroposophischer Beleuchtung und als Grundlage der Erkenntnis des Menschengeistes*, 1. Vortrag vom 24.12.1922, GA 233, Dornach [5]1991.

36 Zum Beispiel in der kleinen Schrift *Die Erziehung des Kindes vom Gesichtspunkt der Geisteswissenschaft*. Einzelausgabe, Dornach 1988.

37 Die Bandbreite der einzelnen Entwicklungsstufen und die Abfolge von Einzelschritten sind verhältnismäßig stark individualisiert und sind nicht zuletzt vom sozialen Umfeld mit beeinflusst.

38 Siehe Anm. 20.

39 Siehe z.B. Jean Piaget, *Psychologie der Intelligenz* (Zürich 1948), Stuttgart, Klett-Cotta [10]2000.

40 Der Zusammenhang zeigt, dass hier nicht der viel später liegende Abschluss des Zahnwechsels gemeint ist, sondern das volle Einsetzen.

41 Rudolf Steiner, 2. Lehrplanvortrag (siehe Anm. 13), S. 168.

42 Rudolf Steiner, *Allgemeine Menschenkunde als Grundlage der Pädagogik*, 2. Vortrag, GA 293, Dornach [9]1992.

43 Siehe auch Ernst Schuberth, *Das Formenzeichnen als tätige Geometrie in den Klassen 1 bis 4*, Stuttgart [3]2016, S. 29ff.

44 Siehe im Literaturverzeichnis den Abschnitt 6., S. 167f.

45 Siehe zum Beispiel Ernst Schuberth, *Wirtschaftskunde und Algebra in der 7. und 8. Klasse an Waldorfschulen*, S. 55 und 78.

46 Vgl. hierzu Ernst Schuberth, *Die Modernisierung des mathematischen Unterrichts*, Stuttgart 1971, und ders., *Erziehung in einer Computergesellschaft*, Stuttgart 1990.

47 Siehe Anm. 41, 1. Vortrag.

48 Eine schwierige Situation kann zum Beispiel in einer Familie entstehen, wenn ein mathematisch begabtes Kind als Maßstab für alle Kinder der Familie hingestellt wird.

49 Eine neuere Diskussion zum Konstruktivismus findet sich in den *Mitteilungen der Gesellschaft für Didaktik der Mathematik*: Reinhard Oldenburg, Realistischer Konstruktivismus, in: MGDM, Heft 109, S. 77-84, und die Replik von David Kollosche, Abarbeiten am Konstruktivismus, in: MGDM, Heft 110, S. 56-60.

50 Dies schmälert nicht seine Verdienste in der Entwickungspsychologie und speziell seiner Entdeckungen zur Entwicklung des mathematischen Denkens.

51 A. R. Luria, *The Working Brain*, London 1973.

52 «Although we currently understand very little of how expertise for arith-

metic develops in children, related research in adults offers a helpful conceptual framework» (Vinod Menon, Developmental cognitive neuroscience of arithmetic: implications for learning and education. In: *ZDM Mathematics Education* (2010) 42, S. 515 – 525). Überhaupt gibt das Themenheft des *ZDM* (2010) 42 einen guten Überblick über den Stand der Forschung bezüglich des Zusammenhangs von Hirntätigkeit und mathematischen Tätigkeiten.

53 Siehe auch die ergänzenden Bemerkungen in Anhang 1.

54 Ein Rezensent erklärt diesen Absatz für unverständlich. Er bemerkt offensichtlich nicht, dass damit auf die verschiedenen Sinnesfunktionen des Augapfels – neben weiteren Träger des Farbsinns und des Eigenbewegungssinns zu sein – hingewiesen werden soll, die unterschiedliche Aufgaben beim Zahlerfassen haben. Die Objekte werden durch den Fernsinn Sehen (= Farbsinn) wahrgenommen, für die Zahlbestimmung ist die Verwendung des kinästhetischen Sinns (= Eigenbewegungssinn) notwendig. Hierin liegt der Grund, warum blinde Menschen zwar nicht über Farben, aber sehr wohl über Zahlen und Formen sprechen können.

55 Damit ist nicht gesagt, dass das Lernen von Mathematik für Kinder und Erwachsene prinzipiell gleich verläuft. Allein durch das unterschiedliche Verarbeiten von Sinneseindrücken und das gewöhnlich weiter ausgebildete Gedächtnis ergeben sich wichtige Unterschiede. In den Neurowissenschaften werden erste Langzeitstudien gemacht, welche auch auf physiologische Entwicklungen als Folge von Lernprozessen aufmerksam machen.

56 D. J. Johnson und H. R. Myklebust, *Lernschwächen*, Stuttgart 1971.

57 Friedhelm Schilling, Zur Methodik der Lateralitätsbestimmung, in: Dietrich Eggert / Ernst J. Kiphard, *Die Bedeutung der Motorik für die Entwicklung normaler und behinderter Kinder*, Schorndorf [4]1980.

58 Carl Delacato, *Diagnose und Behandlung der Sprach- und Lesestörungen*, Freiburg 1970.

59 Vgl. Anm. 39.

60 Ob eventuell ein sogenanntes Developmental Gerstmann's Syndrome vorlag, kann nicht mehr nachgeprüft werden. Wichtig ist hier aber ein Bewusstsein davon, dass mathematische Leistungen oder Schwächen nicht auf fehlendem gutem Willen oder ungünstigen äußeren Einflüssen beruhen müssen, sondern eine konstitutionelle Ursache haben können!

61 Siehe Anm. 20.

62 Ernst Schuberth, Geometrische und menschenkundliche Grundlagen für das Formenzeichnen, in: E.-M. Kranich u. a., *Formenzeichnen. Die Entwicklung des Formensinns in der Erziehung*, Stuttgart [4]2015, S. 199ff.

63 Rudolf Steiner, *Welt, Erde und Mensch, 2.* Vortrag, GA 105, Dornach [8]1983, S. 35 – 38.

64 Louis Locher-Ernst, *Mathematik als Vorschule zur Geisterkenntnis,* hrsg. von Ernst Schuberth. Dornach ^{2}1973.

65 Die erste von Rudolf Steiner selbst publizierte Darstellung zu den Sinnen findet sich in dem Buch *Von Seelenrätseln*, 5. Anhang: «Über die wirkliche Grundlage der intentionalen Beziehung», S. 143 – 149.

66 Siehe im Literaturverzeichnis den Abschnitt 2, S. 169f.

67 Hingewiesen sei nur auf die Vorträge Rudolf Steiners zur *Allgemeinen Menschenkunde* (Anm. 42), 11. Vortrag.

68 Siehe z.B. Rudolf Steiner, *Von Seelenrätseln*, 6. Anhang, «Die physischen und geistigen Abhängigkeiten der Menschen-Wesenheit», S. 150 – 163.

69 Siehe auch die elementare Darstellung zur Sinneslehre Rudolf Steiners in Ernst Schuberth, *Erziehung im Computerzeitalter,* Verlag Freies Geistesleben, Stuttgart 1990.

70 Der sorgfältige Leser wird bemerken, dass die Zuordnung der Operationen zu den Temperamenten nicht der dargestellten Beziehung entspricht. Vielleicht regt aber das Spiel zu einer Neufassung an.

71 Aus der vierten Seminarbesprechung, siehe Anm. 13, S. 41 – 43.

72 Rudolf Steiner, *Grundlinien einer Erkenntnistheorie der Goetheschen Weltanschauung*, GA 2, Dornach ^{7}1979 und *Wahrheit und Wissenschaft,* GA 3, Dornach ^{5}1980.

73 Hier ist sehr sorgfältig darauf zu achten, was Rudolf Steiner mit den Namen der Rechenoperationen bezeichnet. Der Wortgebrauch ist ungewöhnlich. Das Schema auf S. 65 ordnet die Aufgabenstellungen Rudolf Steiners in das Gesamtschema der Rechenoperationen ein.

74 Siehe Louis Locher-Ernst, Entdecken oder Erfinden?, in: *Elemente der Mathematik*, Jg. 9, 1954, S. 25–29.

75 Siehe Anm. 49.

76 Siehe D. Hilbert, *Grundlagen der Geometrie*, Leipzig 1903, und Nachfolger.

77 Ernst Schubert, *Die Modernisierung des mathematischen Unterrichts*, Stuttgart 1971.

78 Siehe Ernst Schuberth, Menschliche Kreativität und Künstliche Intelligenz. Anhörung zur EnqueteKommission «Technologiefolgen-Abschätzung», Mai 1986 in Bonn, in: *Einschätzung und Bewertung von Technikfolgen; Gestaltung von Rahmenbedingungen der technischen Entwicklung.* Materialien zu Drucksache 10/6801, Band II, S. 2643, Bonn 1987.

Literatur

1. Allgemeine Literatur

Buck, P. / Rehm, M., Naturwissenschaftsdidaktik aus der 1st-personperspektive. In: *Allmähliches Verschwinden der Menschlichkeit – eine pädagogische Herausforderung*, hrsg. von Peter Loebell und Ernst Schuberth, Klinkhard-Verlag, Bad Heilbrunn 2012.

Delacato, C., *Diagnose und Behandlung der Sprach- und Lesestörungen*, Freiburg 1970.

Fabricius, S., *Lerntagebücher im Mathematikunterricht. Wie Kinder in der Grundschule auf eigenen Wegen lernen*, München 2009.

Grissemann, H., Weber, A., *Spezielle Rechenstörungen. Ursachen und Therapie*, Bern 1982.

Hilbert, D., *Grundlagen der Geometrie*, Leipzig 1903.

Johnson, D. J., Myklebust, H. R., *Lernschwächen*, Stuttgart 1971.

Kiphard, E. J., *Bewegungs- und Koordinationsschwächen im Grundschulalter*, Schorndorf [4]1982.

Kollosche, D., Abarbeiten am Konstruktivismus. Bemerkungen zum Beitrag von Reinhard Oldenburg in den Mitteilungen der GDM 109, in: *Mitteilungen der GDM* 110, 2021, S. 56–60.

Kranich, E.-M., Jünemann, M. u.a., *Formenzeichnen. Die Entwicklung des Formensinns in der* Erziehung, Stuttgart[2]1992.

Kranich, E.-M., Mathematische Früherziehung im Vorschulalter als psychologisch-pädagogisches Problem. In: *Der schweizerische Kindergarten,* 3/1970.

– Mathematik im Vorschulalter. In: *Erziehungskunst*, Stuttgart 2/1975.

– Die Kräfte leiblicher Formbildung und ihre Umwandlung in die Fähigkeit, Formen zu gestalten und zu erleben. In: E.-M. Kranich u.a., *Formenzeichnen. Die Entwicklung des Formensinns in der Erziehung*, Stuttgart [2]1992, S. 13ff.

Locher-Ernst, L., *Mathematik als Vorschule zur Geisterkenntnis*, Dornach [2]1973.

– *Arithmetik und Algebra*, Dornach 1984.

– Entdecken oder Erfinden?, in: *Elemente der Mathematik*, Jg. 9, 1954, S. 25-29; ISSN: 0013-6018.

Luria, A. R., *The Working Brain*, London 1973.

Maturana, H., Varela, F., *Der Baum der Erkenntnis*, Bern / München / Wien 1987.

Oldenburg, R., Realistischer Konstruktivismus. Ein unwissenschaftlicher Beitrag, in: *Mitteilungen der GDM* 109, 2020, S. 77–84.
Padberg, F., *Didaktik der Arithmetik für Lehrerausbildung und Lehrerfortbildung,* [3]2009.
Piaget, J., *Psychologie der Intelligenz,* Olten / Freiburg 1974.
Pohle, E., Mathematik in der Schuleingangsphase. In: *Grundschule 37* (2005), S. 49 – 51.
Prediger, S., Ullrich, H., Mathematikunterricht an Waldorfschulen. Eine Annäherung. In: *Journal für Mathematikdidaktik 17* (1996) 3/4, S. 192 – 211.
Schilling, F., Zur Methodik der Lateralitätsbestimmung. In: D. Eggert, E. J. Kiphard, *Die Bedeutung der Motorik für die Entwicklung normaler und behinderter Kinder,* Schorndorf [4]1980.
Schuberth, E., *Die Modernisierung des mathematischen Unterrichts,* Stuttgart 1971.
– Menschliche Kreativität und Künstliche Intelligenz. Anhörung zur EnqueteKommission «Technologiefolgen-Abschätzung», Mai 1986 in Bonn, in: *Einschätzung und Bewertung von Technikfolgen; Gestaltung von Rahmenbedingungen der technischen Entwicklung.* Materialien zu Drucksache 10/6801, Band II, S. 2643, Bonn 1987.
– *Erziehung in einer Computergesellschaft,* Stuttgart 1990.
– Verantwortung in der Automatisierung aus der Sicht der Philosophie, in: K. Henning, M. Süthoff, M. Mai (Hrsg.), *Mensch und Automatisierung. Eine Bestandsaufnahme,* Westdeutscher Verlag, Opladen 1990.
– Geometrische und menschenkundliche Grundlagen für das Formenzeichnen. In: E.-M. Kranich u.a., *Formenzeichnen. Die Entwicklung des Formensinns in der Erziehung,* Stuttgart [2]1992, S. 167 – 194.
Steiner, R.: *Grundlinien einer Erkenntnistheorie der Goetheschen Weltanschauung,* Gesamtausgabe Bibl.-Nr. (= GA) 2, Dornach [7]1979.
– *Wahrheit und Wissenschaft,* GA 3, Dornach [5]1980.
– *Die Philosophie der Freiheit* (1893), GA 4, Dornach [16]1995.
– *Die Erziehung des Kindes vom Gesichtspunkt der Geisteswissenschaft.* Einzelausgabe, Dornach 1988.
– *Welt, Erde und Mensch, deren Wesen und Entwicklung.* 11 Vorträge in Stuttgart, 4. – 16. August 1908, GA 105, Dornach [5]1983.
– *Die Weltgeschichte in anthroposophischer Beleuchtung.* 9 Vorträge in Dornach, 24. Dezember 1923 – 1. Januar 1924, GA 233, Dornach [5]1991.
– *Allgemeine Menschenkunde als Grundlage der Pädagogik.* 14 Vorträge in Stuttgart, 21. August – 5. September 1919, GA 293, Dornach [9]1992.
– *Erziehungskunst. Methodisch-Didaktisches.* 14 Vorträge in Stuttgart, 21. August – 5. September 1919, GA 294, Dornach [6]1990.
– *Erziehungskunst. Seminarbesprechungen und Lehrplanvorträge.* 15 Semi-

narbesprechungen und 3 Lehrplanvorträge in Stuttgart, 21. August – 6. September 1919, GA 295, Dornach [4]1984.
- *Die geistig-seelischen Grundkräfte der Erziehungskunst. Spirituelle Werte in Erziehung und sozialem Leben.* 12 Vorträge in Oxford, 16. – 29. August 1922, GA 305, Dornach [3]1991.
- *Die Kunst des Erziehens aus dem Erfassen der Menschenwesenheit.* 7 Vorträge und eine Fragenbeantwortung in Torquay / England, 12. – 20. August 1924, GA 311, Dornach [5]1989.

Stewart, I., *Die Zahlen der Natur. Mathematik als Fenster zur Welt*, Heidelberg / Berlin 1998.

Weinschenk, C., *Rechenstörungen. Ihre Diagnostik und Therapie*, Bern 1970.

Wittmann, E., Müller, G., *Handbuch produktiver Rechenübungen*, Band 1, Leipzig 1993.

2. Literatur zur Sinneslehre Rudolf Steiners (Auswahl)

Glas, N., *Gefährdung und Heilung der Sinne*, Stuttgart 1976.

Hensel, H., *Allgemeine Sinnesphysiologie. Hautsinne, Geschmack, Geruch*, Berlin 1966.

Lauer, H. E., *Die Sinne des Menschen*, Schaffhausen 1980.

Lutzker, P., *Der Sprachsinn*, Stuttgart [2]2017.

Schmidt, R. F. (Hrsg.), *Grundriss der Sinnesphysiologie*, Berlin 1973.

Husemann, F., Wolff, O., *Das Bild des Menschen als Grundlage der Heilkunst, Bd. I: 1. Halbband. Zur Anatomie und Physiologie*, Stuttgart [11]2003.

Rohen, Johannes W., *Morphologie des menschlichen Organismus. Versuch einer goetheanistischen Gestaltlehre des Menschen*, Stuttgart [4]2016.

Scheuerle, H. J., *Die Gesamtsinnesorganisation*, Stuttgart 1984.

Schuberth, E., *Erziehung in einer Computergesellschaft*, Stuttgart 1990.

Steiner, R., *Zur Sinneslehre*, Themen aus dem Gesamtwerk, Bd. 3, Stuttgart [6]2014.
- *Von Seelenrätseln*, GA 21, Dornach [5]1983.
- Anthroposophie: Vier Vorträge (gehalten in Berlin 1909). In: *Anthroposophie – Psychosophie – Pneumatosophie*, GA 115, Dornach, 1. bis 3. Vortrag.
- *Anthroposophie. Ein Fragment*, GA 45, Dornach [5]2009.
- *Die Philosophie* der *Freiheit*, GA 4, Dornach [16]1995 (1. Anhang zur Ausgabe von 1918).

Steinke, M., *Gedankensinn und Ichsinn*, 1999.
- *Tastsinn und Lebenssinn, Arbeitsgemeinschaft der Heilpädagogischen Schulen*, 1998.
- *Hörsinn und Sprachsinn*, 1998.

– *Bewegungssinn und Gleichgewichtssinn*, 1994.
– *Sehsinn und Wärmesinn*, 1997.
– *Geruchssinn und Geschmackssinn*, 1995.
Straus, E., *Vom Sinn der Sinne*, Berlin 1956.

Für die Suche im Internet kann man eingeben: Sinne Rudolf Steiner.
Links zur Sinneslehre sind z.B.: http://www.knabe-sebastian.de/Sinneslehre_Sebastian_Knabe.shtml
http://de.wikipedia.org/wiki/Anthroposophie
http://science.goetheanum.org/fileadmin/nws/text-downloads/sinneslehre.pdf

3. Literatur zum Mathematikunterricht an Waldorfschulen

Adam, P., Wyss, A., *Platonische Körper; ihre Sternformen und polaren Gebilde*, Stuttgart 1984.
Aeppli, W., *Aus dem Anfangsunterricht einer Rudolf-Steiner-Schule*, Basel ^{3}1988.
Baravalle, H. v., *Der Unterricht im Rechnen und der Geometrie als Erziehungsmittel zur inneren Freiheit*, Stuttgart 1925.
– *Die Geometrie des Pentagramms und der goldene Schnitt*, Stuttgart ^{4}1985.
– *Perspektive*, Bern 1952.
– *Methodische Gesichtspunkte für den Aufbau des Rechenunterrichts in der Volksschule*, Bern 1952.
– *Rechenunterricht und der Waldorfschulplan*, ^{2}1984.
– *Darstellende Geometrie nach dynamischer Methode*, Stuttgart ^{2}1982.
– *Geometrie als Sprache der Formen*, Stuttgart ^{2}1982.
– *Zur Pädagogik der Physik und Mathematik*, Stuttgart 1964.
Bernhard, A., *Projektive Geometrie aus der Raumanschauung zeichnend entwickelt*, Stuttgart 1984.
– *Algebra für die siebte und achte Klasse an Waldorfschulen*, Stuttgart 1991.
– *Geometrie für die siebte und achte Klasse an Waldorfschulen*, Stuttgart 1993.
Bindel, E., *Das Rechnen im Lichte der Anthroposophie*, Stuttgart 1927.
– *Die Grundlagen der Mathematik im Lichte der Anthroposophie*, Stuttgart 1928.
– *Logarithmen für jedermann. Elementare Einführung mit Hinweisen auf höhere Gesetzmäßigkeiten*, Stuttgart ^{3}1983.
– *Harmonien im Reiche der Geometrie. In Anlehnung an Keplers «Weltharmonik»*, Stuttgart 1964.
– *Das Rechnen. Menschenkundliche Begründung und pädagogische Bedeu-*

tung. Zugleich ein Überblick über das Rechnen an den Waldorfschulen in den ersten fünf Schuljahren, Stuttgart 1982.
– *Die Arithmetik. Menschenkundliche Begründung und pädagogische Bedeutung*, Stuttgart ²1967.
– *Zahlengrundlagen der Musik im Wandel der Zeiten*, Stuttgart ²1985.
– *Zahlengesetze in der Stoffeswelt und in der Erdenentwicklung*, Stuttgart ⁴1985.
Bühler, E. u.a., *Lebendiges Denken durch Geometrie*, Stuttgart ³1984.
Carlgren, F., Klingborg, A., *Erziehung zur Freiheit*, Stuttgart ⁶1990, S. 138ff. («Vom Rechnenlernen»), S. 183ff. («Geometrie»), S. 209ff. («Mathematik und Geometrie»).
Fischer-Roy, O., *Freude an Mathematik für jedermann*, Zürich 1987.
Kranich, E.-M. u.a., *Formenzeichnen. Die Entwicklung des Formensinns in der Erziehung*, Stuttgart ⁴2015.
Kranich, E.-M., *Pädagogische Projekte und ihre Folgen. Zur Problematik von programmiertem Unterricht, Frühlesenlernen und Neuer Mathematik*, Stuttgart ²1971.
– Mathematik im Vorschulalter, in: *Erziehungskunst* 2/1975.
Kraul, W., *Geometrische Körper aus Stroh selbst gemacht*, Stuttgart ²1983.
Locher-Ernst, L., *Geometrisieren im Bereiche wichtigster Kurvenformen*, hrsg. von E. Schuberth, Dornach ²1988.
– *Urphänomene der Geometrie*, hrsg. von E. Schuberth. Dornach ²1980.
– *Projektive Geometrie und die Grundlagen der euklidischen und polareuklidischen Geometrie*, hrsg. von E. Schuberth. Dornach ²1980.
– *Ausführliches Lehr- und Übungsbuch zur Arithmetik und Algebra für Unterricht und Selbststudium*, Dornach ²1984.
– *Die Reihe der natürlichen Zahlen als Geist-Kunstwerk*, Dornach 1972.
– *Mathematische Meditationen. Vollständige regelmäßige Vielecke*, Winterthur / Dornach 1962.
– *Raum und Gegenraum. Einführung in die neuere Geometrie*, Dornach ³1988.
– *Mathematik als Vorschule zur Geisterkenntnis*, Dornach ²1973.
Motte, W., Der Mathematikunterricht, in: Sönke Bai u.a., *Die Rudolf Steiner Schule Ruhrgebiet: Leben, lehren, lernen in einer Waldorfschule*, Hamburg 1976.
Schuberth, E., *Die Modernisierung des mathematischen Unterrichts*, Stuttgart 1971.
– Wie können wir durch Mathematikunterricht erzieherisch wirken? In: *Erziehungskunst* 4/1976, Stuttgart (vgl. Tagungsbericht «Rettet die Phänomene» der Schweizerischen Gesellschaft für Bildungs- und Erziehungsfragen, Freier Pädagogischer Arbeitskreis, Tagung am 1./2.11.1975 im Gottlieb-Duttweiler-Institut für Rüschlikon, Zürich).
– Die erste Rechenstunde, in: *Erziehungskunst* 9/1976.

- Eine Rechengeschichte, in: *Erziehungskunst* 10/1981.
- Waldorfpädagogik, in: D. Volk (Hrsg.), *Kritische Stichwörter zum Mathematikunterricht*, München 1979.
- Der Aufbau des Mathematikunterrichts in der Waldorfschule, in: S. Leber (Hrsg.), *Die Pädagogik der Waldorfschule und ihre Grundlagen*, Darmstadt [3]1992.
- Aus dem Alltag einer Waldorfschule. Die Winkelsumme der regelmäßigen Vielecke, in: *Westermanns Pädagogische Beiträge* 3/1984.
- Darstellende Geometrie, in: M. Glatfeld u.a. (Hrsg.), *Mathematik in der Sekundarstufe*, Düsseldorf / Stuttgart 1977 ff., Bd. 8 B, S. 139 – 154; 9 B, S. 63 – 79 und 134 – 148; Lehrerhandbuch Mathematik in der Sekundarstufe, 8 B, S. 64 – 79.
- Mathematikunterricht an Waldorfschulen und soziale Bildung, in: *ZDM (Zentralblatt für Didaktik der Mathematik)* 87/6, Karlsruhe 1987.
- Minus mal Minus, in: *Forum Pädagogik*, Heft 2, Juni 1988. In: *Schweizer Schule*, 76. Jg. Nr. 6, 9.6.1989.
- *Erziehung in einer Computergesellschaft. Datentechnik und die werdende Intelligenz des Menschen*, Stuttgart 1990.
- Der Mathematikunterricht und seine Wirkung auf die Gesundheitskräfte, in: *Der Rhythmus von Schlafen und Wachen. Seine Bedeutung im Kindes- und Jugendalter.* Mit Beiträgen von S. Leber, E.-M. Kranich, J. Smit, H. Zimmermann, Stuttgart [3]1992.
- Soziale Bildung durch den Mathematikunterricht? In: F. Bohnsack, E.-M. Kranich (Hrsg.), *Erziehungswissenschaft und Waldorfpädagogik*, Weinheim / Basel 1990.
- Aufgabenstellungen Rudolf Steiners zur Mathematik, in: *Der Bildungswert des wissenschaftlichen Unterrichts. Wissenschaft und Anthroposophie. Ein Kolloquium.* Manuskriptdruck der Pädagogischen Forschungsstelle Stuttgart, Stuttgart 1991.
- Rechenschwächen. Ihre Diagnose, Erscheinungsformen und Therapie, in: Michaela Glöckler (Hrsg.), *Das Schulkind. Gemeinsame Aufgabe von Arzt und Lehrer*, Dornach 1992.
- Geometrische und menschenkundliche Grundlagen für das Formenzeichnen, in: E.-M. Kranich u.a., *Formenzeichnen*, Stuttgart [4]2015.
- *Das Formenzeichnen als tätige Geometrie in den Klassen 1 bis 4*, Stuttgart [3]2016.
- *Der Geometrieunterricht an Waldorfschulen, Band 2: Vergleichende Formenlehre und geometrische Grundkonstruktionen in den Klassen 4 und 5*, Neuausgabe in Vorbereitung.
- *Der Geometrieunterricht an Waldorfschulen, Band 3: Erste Schritte in die beweisende Geometrie für die 6. Klasse*, Stuttgart [2]2018.

– *Der Mathematikunterricht in der sechsten Klasse an Waldorfschulen. Teil 1: Die Einführung der Algebra aus der Wirtschaftskunde*, Stuttgart 1995.
– *Wirtschaftskunde und Algebra in der 7. und 8. Klasse an Waldorfschulen*, Stuttgart 2008.
– *Wirtschaftskunde und Algebra in der 7. und 8. Klasse an Waldorfschulen – Aufgaben*, Stuttgart 2008.
Steiner, R., *Erziehungskunst, Methodisch-Didaktisches*, GA 294, Dornach [6]1990, 1. und 3. Vortrag.
– *Die Erneuerung der pädagogisch-didaktischen Kunst durch Geisteswissenschaft*, GA 301, Dornach [4]1991, 10. Vortrag.
– *Die gesunde Entwicklung des Menschenwesens. Eine Einführung in die anthroposophische Pädagogik und Didaktik*, GA 303, Dornach [4]1987, 9. und 12. Vortrag.
– *Die geistig-seelischen Grundkräfte der Erziehungskunst*, GA 305, Dornach 1991, 5. Vortrag.
– *Die pädagogische Praxis vom Gesichtspunkt geisteswissenschaftlicher Menschenerkenntnis*, GA 306, Dornach [4]1989, 1. (und 3.) Vortrag.
– *Gegenwärtiges Geistesleben und Erziehung*, GA 307, Dornach [5]1986, 10. Vortrag.
– *Der pädagogische Wert der Menschenerkenntnis und der Kulturwert der Pädagogik*, GA 310, Dornach [5]1986, 8. Vortrag.
– *Die Kunst des Erziehens aus dem Erfassen der Menschenwesenheit*, GA 311, Dornach [5]1989, 5. Vortrag.
Strakosch, A., *Einführung in die Geometrie durch übende Anschauung*, Stuttgart 1962.
Ulin, B., *Der Lösung auf der Spur. Ziele und Methoden des Mathematikunterrichts. Erfahrungen aus der Waldorfpädagogik*, Stuttgart 1987.
Whicher, O., *Projektive Geometrie*, Stuttgart 1970.
Wyss, A., Geometrie, in: *Waldorfpädagogik an öffentlichen Schulen*, Freiburg 1976.

4. Literatur zum Thema «Mathematik und Bewegung»

Köckenberger, H., *Bewegtes Lernen. Lesen, schreiben, rechnen lernen mit dem ganzen Körper. Die «Chefstunde»*, Dortmund [6]2005.
Kiphard, E. J., *Bewegungs- und Koordinationsschwächen im Grundschulalter*, Schorndorf [4]1982.
Müller, C., *Bewegte Grundschule. Aspekte einer Didaktik der Bewegungserziehung als umfassende Aufgabe der Grundschule*, Sankt Augustin [3]2010.
Zimmer, R., *Toben macht schlau! Bewegung statt Verkopfung*, Freiburg / Basel / Wien [3]2007.

Zimmer, R., *So fördert Bewegung die Lust am Lernen. Mit Praxistest*, Freiburg 2007.

Zu diesen älteren Werken sind erfreulicherweise eine Vielzahl von Büchern insbesondere zum Mathematikunterricht in der Grundschule hinzugekommen. Sie können z.B. mit den Suchwörtern Mathematik + Bewegung gefunden werden. Was allerdings kaum beachtet wird, sind anthropologisch begründete Maßnahmen zur konstitutionellen Förderung mathematischer Fähigkeiten, wie es hier durch die Sinneslehre Rudolf Steiners versucht wurde.

5. Literatur zum Formenzeichnen

Büchi, P., *Sinnesentwicklung und Sinnespflege durch Formenzeichnen. Ein Arbeitsbuch mit Anregungen für Unterricht und Erziehung*, Dürnau 2001.

Kranich, E.-M. u.a., *Formenzeichnen. Die Entwicklung des Formensinns in der Erziehung*, Stuttgart ^{4}2015.

Kutzli, R., *Entfaltung schöpferischer Kräfte durch lebendiges Formenzeichnen*, Schaffhausen ^{4}2000.

Schuberth, E., *Das Formenzeichnen als tätige Geometrie in den Klassen 1 bis 4*, Stuttgart ^{3}2016.

– Geometrische und menschenkundliche Grundlagen für das Formenzeichnen, in: Kranich, E.-M. u.a., *Formenzeichnen. Die Entwicklung des Formensinns in der Erziehung*, Stuttgart ^{4}2015.

6. Literatur zum Thema «Rechenschwächen (Dyskalkulie)» – Auswahl

Born, A., Oehler, C., *Kinder mit Rechenschwäche erfolgreich fördern*, Stuttgart 2008.

Fritz, A., Ricken, G., Schmidt, S. (Hrsg.), *Rechenschwäche. Lernwege, Schwierigkeiten und Hilfen bei Dyskalkulie*, Weinheim / Basel / Berlin ^{2}2009.

Gaidoschik, M., *Rechenschwäche – Dyskalkulie*, Wien ^{3}2006

Grissemann, H., Weber, A., *Spezielle Rechenstörungen. Ursachen und Therapie*, Bern 1982.

– *Grundlagen und Praxis der Dyskalkulietherapie*, Bern ^{4}2000.

Grissemann, H., *Dyskalkulie heute. Sonderpädagogische Integration auf dem Prüfstand. Rehabilitation*, Bd. 40. 1996.

Heinzel, F. (Hrsg.), *Heterogenität, Integration und Differenzierung in der Primarstufe*, Opladen 2002.

Kopf und Zahl. Journal des Vereins für Lerntherapie und Dyskalkulie e.V. Zu beziehen unter: www.dyskalkulie.de

Köpp, W., *Erfolgreich individualisieren. Das Praxisbuch für die Grundschule*, München 2009.

Krüll, K. E., *Rechenschwäche – was tun?*, München / Basel [3]2000.

Landerl, K., *Dyskalkulie: Modelle, Diagnostik, Intervention*, München 2008.

Lorenz, J. H., *Lernschwache Rechner fördern*, Berlin [5]2008.

Lorenz / Radatz, *Handbuch des Förderns im Mathematikunterricht*, Hannover 2005.

Milz, I., *Rechenschwächen erkennen und behandeln*, Dortmund [6]2004.

Nolte, M., *Rechenschwächen und gestörte Sprachrezeption. Beeinträchtigte Lernprozesse im Mathematikunterricht und in der Einzelbeobachtung*, Bad Heilbrunn 2000.

Radatz, H. / Rickmeyer, K., *Aufgaben zur Differenzierung im Mathematikunterricht der Grundschule*, Hannover 1996.

Sundermann, B., *Beurteilen und Fördern im Mathematikunterricht. Gute Aufgaben, differenzierte Arbeiten, ermutigende Rückmeldungen*, Berlin 2006.

Werner, B., *Dyskalkulie – Rechenschwierigkeiten: Diagnose und Förderung rechenschwacher Kinder an Grund- und Sonderschulen*, Stuttgart 2009.

Weinschenk, C., *Rechenstörungen. Ihre Diagnostik und Therapie*, Bern / Stuttgart / Wien 1970.

7. Hinweise

Eine Übersicht über den Mathematiklehrplan für die Klassen 1 bis 8 der Freien Waldorfschulen ist im Band von E. Schuberth, *Der Mathematikunterricht in der sechsten Klasse an Waldorfschulen. Teil 1: Die Einführung der Algebra aus der Wirtschaftskunde*, Stuttgart 1995, enthalten.

Siehe auch Richter, T. (Hrsg.), *Pädagogischer Auftrag und Unterrichtsziele – vom Lehrplan der Waldorfschule*, Stuttgart [5]2019.

Eine Quellensammlung von Äußerungen Rudolf Steiners zur Mathematik und zum Mathematikunterricht ist:

Kilthau, U., Schrader, G., *Rudolf Steiner zur Mathematik. Eine Sammlung von Zitaten aus dem Gesamtwerk*, hrsg. von der Pädagogischen Forschungsstelle beim Bund der Freien Waldorfschulen. 2 Bde., Stuttgart 1994.

Ernst Schuberth, geboren 1939 in Danzig, besuchte die Waldorfschulen in Hannover und Wuppertal. Anschließend studierte er Mathematik, Physik, Philosophie und Pädagogik in Bonn und Tübingen. Mitarbeit am Mathematisch-Physikalischen Institut und Waldorflehrerausbildung am Goetheanum in Dornach / Schweiz. Danach war er als Klassen- und Oberstufenlehrer an der Rudolf Steiner-Schule München tätig. 1970 promovierte er bei Otto Friedrich Bollnow, 1974 wurde er zum ordentlichen Professor an die Pädagogische Hochschule / Universität Bielefeld berufen. 1978 Gründung der Freien Hochschule für anthroposophische Pädagogik in Mannheim. In den 80er Jahren war er zweimal eingeladen als Experte in die Enquete-Kommission des Deutschen Bundestages «Technikfolgenabschätzung». Mitarbeit im Projekt «Sozialverträgliche Technikgestaltung» (NRW). 1990 auf Einladung der rumänischen Regierung Begründung des Seminars für Waldorfpädagogik in Bukarest. Ehrenprofessur in St. Petersburg. Seit 1990 ausgedehnte Lehrtätigkeit in Russland, den USA, China, Taiwan und anderen Ländern.
Zahlreiche Publikationen zum Mathematikunterricht an Waldorfschulen, zur Computertechnologie, zur Malerei Gerard Wagners und zu anderen Themen. Einer seiner Arbeitsschwerpunkte liegt in der Förderung von Kindern mit Lernschwierigkeiten, insbesondere mit Dyskalkulie.
Er ist mit Erika Schuberth verheiratet und hat fünf Kinder und siebzehn Enkel.